Carole Morelli

Je révise
avec mon enfant

Mathématique

4e année

TRÉCARRÉ
QUEBECOR MEDIA

Catalogage avant publication de la Bibliothèque nationale du Canada

Vedette principale au titre :

Je révise avec mon enfant : mathématique : 1re (-6e) année

Pour les élèves du niveau primaire.

ISBN 2-89568-222-4 (v.1)
ISBN 2-89568-223-2 (v.2)
ISBN 2-89568-224-0 (v.3)

1. Enseignement primaire – Participation des parents. 2. Mathématiques – Problèmes et exercices – Ouvrages pour la jeunesse. I. Benoit, Sylvie, 1959-

LB1048.5.J423 2003   371.3'028'1   C2003-941655.0

Composition et mise en pages :
Infoscan Collette

Conception et réalisation de la couverture :
Cyclone design communications

Illustrations :
Christine Battuz

Correction d'épreuves :
Claire Morasse

© 2003 Éditions du Trécarré, division de Éditions Quebecor Média inc.

Nous reconnaissons l'aide financière du gouvernement du Canada par l'entremise du Programme d'aide au développement de l'industrie de l'édition (PADIÉ) pour nos activités d'édition ; du Conseil des arts du Canada ; de la SODEC ; du gouvernement du Québec par l'entremise du Programme de crédit d'impôt pour l'édition de livres (gestion SODEC).

ISBN 2-89568-225-9

Dépôt légal 2003
Bibliothèque nationale du Québec

Éditions du Trécarré,
division de Éditions Quebecor Média inc.
7, chemin Bates
Outremont (Québec)
H2V 4V7

Table des matières

Table des matières

Mot de l'auteure

Votre enfant entreprend la 4ᵉ année du primaire. Il a 9 ou 10 ans, et il s'ouvre de plus en plus au monde qui l'entoure. Il s'apprête à terminer le 2ᵉ cycle. Il connaît bien l'école, se sent émotivement plus sûr de lui et, en général, il aime la vie de groupe et le travail d'équipe. Il est désormais prêt à structurer davantage son comportement.

Ce guide est conçu pour vous, parents, qui voulez vous impliquer davantage dans la vie scolaire de votre enfant, mais il ne doit pas devancer le travail fait en classe par votre enfant. En couvrant les savoirs essentiels du ministère de l'Éducation en mathématique, cet ouvrage vous permet de suivre votre enfant tout au long de l'année, d'être témoin de ses progrès, et d'intervenir si nécessaire dans le processus d'apprentissage. Il n'est pas question de recommencer une journée de classe à la maison. À l'école, en participant à des projets pédagogiques variés, votre enfant acquiert les savoirs essentiels du programme et développe de multiples compétences.

Si votre enfant ne comprend pas une activité, c'est sans doute parce que les notions requises lui sont encore inconnues ou qu'il saisit mal le sens de la question qui lui est posée. Fiez-vous toujours à votre intuition. Vous connaissez votre enfant mieux que quiconque, et il sait ce qu'on attend de lui. Faites-lui confiance. Il vous dira s'il ne comprend pas ou s'il n'a pas encore étudié ces notions à l'école.

Je vous souhaite une 4e année agréable, sereine et enrichissante avec votre enfant.

Carole Morelli

*Orthopédagoque de formation, **Carole Morelli** a été conseillère pédagogique et consultante pour divers projets pédagogiques. Au fil des ans, elle a acquis une vaste expérience en travaillant auprès des différentes clientèles scolaires. Depuis quelques années, elle collabore à la rédaction de textes, de guides et d'ouvrages à caractère pédagogique, en plus de donner diverses formations à travers le Québec.*

Comment utiliser ce livre

Cet ouvrage renferme les principaux savoirs essentiels du programme de mathématique pour la 4ᵉ année et comprend six volets : nombres naturels, fractions, nombres décimaux, géométrie, mesures, statistique et probabilité.

Chacun des volets se divise en séries d'activités qui correspondent aux savoirs essentiels du ministère de l'Éducation, pour un total de 45 séries d'activités.

Au début de chaque série d'activités, une page est réservée aux parents. On y indique les savoirs, les notions ou habiletés révisées dans les exercices. Vérifiez d'abord si votre enfant a reçu cet enseignement spécifique en classe. Ce n'est qu'à cette condition qu'il sera apte à réviser en votre compagnie. Dans ces mêmes pages, vous trouverez à l'occasion des conseils pratiques de l'auteure soit sur un sujet général, soit sur la matière vue dans les exercices qui suivent.

Enfin, si vous doutez des réponses à certains exercices ou si la terminologie ne vous est pas familière, recourez au corrigé et au lexique qui se trouvent à la fin du volume.

Mot à l'enfant

Te voilà déjà en 4e année ! Tes parents viennent de se procurer un livre qui explique ce que tu vas apprendre en mathématique durant l'année scolaire.

Ce livre n'est pas un cahier d'école. Il contient toutes sortes d'activités amusantes que tes parents feront avec toi. Encore des devoirs ? Non ! Rassure-toi. Tu serviras de guide à tes parents en les aidant à comprendre davantage le travail que tu fais à l'école. Ce sera une occasion de plus de passer de bons moments avec eux.

Montre-leur que tu as bien compris ce que ton professeur t'a enseigné. Il peut arriver que tu ne saches pas réaliser une activité. Ne t'en fais pas. C'est sans doute parce que c'est quelque chose de nouveau que tu n'as pas encore appris à l'école. Dis-le à tes parents et ils attendront quelques semaines avant de reprendre cette activité avec toi.

Travaille bien ! N'oublie pas que tu es maintenant rendu à la fin du 2e cycle, tu fais donc partie des «grands» de l'école ! Je te souhaite bonne chance et beaucoup de plaisir avec tes parents tout au long de ta 4e année.

Carole

Présentation

La mathématique est la « bête noire » de certains élèves. On a souvent expliqué la situation de la façon suivante : « Il ou elle n'a pas la bosse des mathématiques. » Et pourtant... nul n'a jamais pu établir ni l'origine ni l'emplacement de cette prétendue « bosse » !

La mathématique nous met en contact, à sa façon, avec le monde qui nous entoure. Elle est avant tout une démarche concrète et pratique que votre enfant effectue depuis son tout jeune âge.

L'enfant qui, en mangeant une salade de fruits, sélectionne d'abord les morceaux de cerise, puis les morceaux de pêche et ainsi de suite, effectue une activité de classification. D'où proviennent donc les difficultés ?

On peut penser que, pour certains enfants, le passage du concret à l'abstrait se fait trop rapidement. Au secondaire, l'adolescente ou l'adolescent manipulera des concepts abstraits, mais il aura alors atteint le degré de développement intellectuel nécessaire pour le faire. Pour aider l'enfant du primaire à bien apprivoiser le monde de la mathématique, il faut respecter quelques règles de base.

- Toute notion nouvelle doit d'abord être présentée dans des situations concrètes, chargées de sens pour l'enfant. On doit lui laisser la possibilité de manipuler des objets concrets aussi longtemps que cela lui est nécessaire.

- Demandez souvent à votre enfant de justifier ses réponses, même si elles sont correctes. Il aura plaisir à vous démontrer sa démarche et, si celle-ci est incorrecte, il s'en apercevra probablement en tentant de vous l'expliquer.

- L'erreur est source d'apprentissage ! Habituez votre enfant à ne pas paniquer devant une solution incorrecte. Chaque fois qu'il comprend la cause d'une erreur, son degré de compréhension et de maîtrise d'une notion s'accroît.

Les activités qui suivent ont pour but de vous aider à **réviser** la majorité des savoirs essentiels contenus dans le programme d'enseignement. Assurez-vous que toute séance de travail avec votre enfant s'effectue dans le calme et la joie de la découverte.

ACTIVITÉ 1

Comprendre notre système de numération :
• nom et valeur de chaque position ;
• décomposition d'un nombre inférieur à 100 000 ;
• reconstitution d'un nombre à partir de ses composantes.

Explication de l'activité

• On n'a que 10 chiffres, de 0 à 9, pour exprimer toutes les quantités. Comment est-ce possible ?

Grâce aux positions : 10 éléments à une position forment un élément d'une position supérieure, et vice versa.

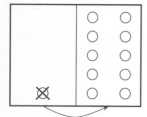

Dizaines   Unités
   de   de
  mille   mille

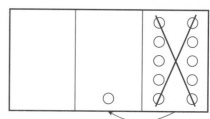

Centaines   Dizaines   Unités

Ainsi, le même chiffre a une valeur différente selon la position qu'il occupe. Dans 2020, le 2 de gauche vaut 2 000, l'autre ne vaut que 20.

• Vous pouvez demander à votre enfant d'utiliser la « planche à calculer » (voir page 92) avec des jetons pour résoudre tous les problèmes relatifs aux nombres et aux opérations.

Vocabulaire à maîtriser : chiffre, nombre, position, valeur, unités, dizaines, centaines, unités de mille, dizaines de mille.

1 Quels nombres obtiendras-tu si tu réunis les différentes quantités exprimées sur les cartes désignées? Pour t'aider, utilise ta planche à calculer.

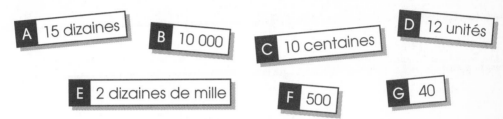

A 15 dizaines
B 10 000
C 10 centaines
D 12 unités
E 2 dizaines de mille
F 500
G 40

a) A + B + G = __ __ __ __ __ __   b) E + D = __ __ __ __ __ __

c) B + C + F = __ __ __ __ __ __   d) B + E = __ __ __ __ __ __

2 Entoure l'album qui contient 13 centaines de timbres.

1 132 timbres

1 335 timbres

3 Un imprimeur doit expédier 13 642 livres dans des caisses qui peuvent contenir chacune 100 livres.

Combien de boîtes complètes pourra-t-il remplir? _____

Combien de livres lui restera-t-il alors à expédier? _____

4 Relie le nombre aux différentes décompositions qui le représentent.

a) 12 000 + 800

b) $12 \times 1000 + 8 \times 10$

12 080

c) 120 centaines + 8 dizaines

d) 12 dizaines de mille + 8

ACTIVITÉ 2

Lire et écrire tout nombre inférieur à 100 000.

Explication de l'activité

- En 4e année, votre enfant aborde pour la première fois les positions des unités et des dizaines de mille. Un espace doit séparer celles-ci des trois positions déjà connues : 23 645.
- Si un nombre ne contient que des unités de mille, cet espace n'est pas obligatoire : 2356 ou 2 356.
- L'enfant doit lire un grand nombre et l'écrire en chiffres. Comment l'aider à s'y retrouver ?

  Exemple : Quatre-vingt-quinze **mille** quatre **cent** soixante-dix-huit.

  1. Concrétiser les différentes positions à l'aide de tirets :

     ___ ___ ___ ___ ___

  2. Encercler les mots « mille » et « cent », et situer au bon endroit les nombres qui les précèdent.

     9   5   4   ___ ___
     ‿‿‿‿‿   C
     Mille

  3. Écrire la suite du nombre.

     9   5   4   7   8
     ‿‿‿‿‿   C
     Mille

Conseil pratique

Un peu d'entraînement !

Pour pratiquer la lecture des nombres :

- Écrire sur des cartons les chiffres de 0 à 9.
- Les placer de manière à former des nombres de 4 ou 5 chiffres.
- Déplacer ou changer un ou plusieurs cartons.
- Utiliser plusieurs zéros.

1 Écris à l'aide de chiffres les nombres en caractères gras.

La ville de Montréal a été fondée en **mille six cent quarante-deux**.

_____

Lors de l'achat de leur maison, mes voisins ont donné un premier chèque de **six mille huit cent quatre-vingt-douze** dollars.

_____

Lors d'un sondage, on a interrogé **quatorze mille quatre** personnes.

_____

Notre ville compte **soixante-quinze mille quatre-vingt-dix-huit** habitants. _____

2 Relie par une flèche chaque nombre en chiffres à son écriture en lettres.

a) Trois mille quarante •   • 13 314

b) Treize mille quatre •   • 3040

c) Quatre mille treize •   • 4400

d) Treize mille trois cent quatorze •   • 4013

e) Quatre mille quatre cents •   • 13 004

3 Entoure le billet gagnant.

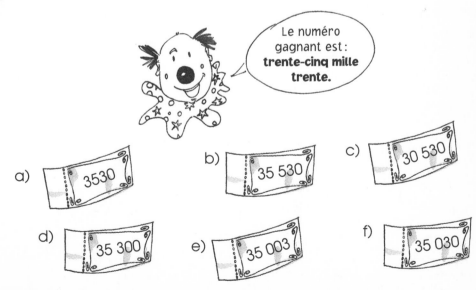

Le numéro gagnant est : **trente-cinq mille trente.**

a) 3530

b) 35 530

c) 30 530

d) 35 300

e) 35 003

f) 35 030

ACTIVITÉ 3
• Ordonner un ensemble de nombres en ordre croissant ou décroissant. • Trouver le nombre placé avant, après, ou entre deux autres nombres.
Explication de l'activité • **L'ordre croissant, c'est du plus petit au plus grand, ou vice versa ?**   Associez l'ordre croissant (du plus petit nombre au plus grand) à la croissance de l'enfant qui grandit. • Il faut accorder à chaque expression son véritable sens mathématique. Ainsi, le nombre qui vient immédiatement avant un autre n'est pas celui qui est placé à sa gauche mais celui qui contient une unité de moins. On peut écrire : 3999, 3998, 3997, etc. • Dans les cas difficiles, demandez à votre enfant d'utiliser la planche à calculer présentée à la page 92 et d'effectuer les échanges nécessaires.
Vocabulaire à maîtriser : ordre croissant, ordre décroissant, nombre qui précède, nombre qui suit.

Activité 3

1 Tu dois remettre des factures en ordre. Écris les numéros des factures qui devront précéder immédiatement les factures suivantes.

a) _____ , 3675

b) _____ , 4800

c) _____ , 6970

d) _____ , 9000

2 Si chacun des enfants dont le nom est inscrit sur ce tableau gagne un point, quels seront les nouveaux pointages ? Inscris-les dans la partie droite du tableau.

Marie	9989	Marie	_____
Jeffrey	9999	Jeffrey	_____
Karine	9009	Karine	_____
Paolo	9099	Paolo	_____

3 Ces wagons portent des numéros. Replace-les en ordre croissant.

30 013   3303   3130   333   13 111

_____

4 On a noté, chaque jour de la semaine, le nombre de skieuses et de skieurs qui ont acheté des billets.

Lundi	3409	Jeudi	4094
Mardi	4343	Vendredi	3943
Mercredi	3934		

Écris ces nombres en ordre décroissant.

_____ , _____ , _____ , _____ , _____

ACTIVITÉ 4
Arrondir un nombre.

Explication de l'activité
- Arrondir, c'est remplacer un nombre précis par un autre plus approximatif mais plus facile à retenir ou à opérer.
  Par exemple, 11 000 au lieu de 10 798.
- **Arrondir, c'est facile !**
  Exemple : Si on veut arrondir 34 675 au millier (ou à l'unité de mille) près :
  1. Identifier la position à arrondir et la portion du nombre à supprimer : 34̲(675).
  2. Se demander si 34 675 est plus près de 34 000 ou de 35 000.

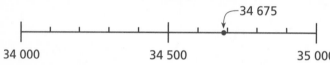

  3. En bref, si la portion du nombre qu'on laisse tomber commence par un chiffre égal ou supérieur à 5, on ajoute une unité à la position qu'on veut arrondir.

Conseil pratique
Lorsque votre enfant ou vous-même avez plusieurs achats à effectuer, prenez l'habitude d'arrondir pour estimer le montant à débourser. On peut ainsi estimer au dollar près le coût du marché de la semaine !

1 Avant d'arrondir, inscris sur chaque droite numérique :

- les deux réponses possibles (aux extrémités) ;
- le nombre qui se situe exactement au centre ;
- le nombre à arrondir.

a) Arrondis 438 à la centaine près : _____

b) Arrondis 4635 à l'unité de mille près : _____

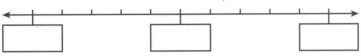

c) Arrondis 16 510 à la dizaine de mille près : _____

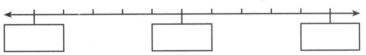

2 Samedi dernier, on a vendu 11 480 billets pour un concert en plein air. Un journaliste se demande s'il doit parler de 11 000 ou de 12 000 personnes présentes. Que lui suggères-tu ? Pourquoi ?

_____

_____

3 Mélanie a vu dans une vitrine le chandail dont elle a besoin. Elle arrondit le prix et dit à sa mère qu'il coûte 20 $. Quel peut être le prix réel de ce chandail ? Pense à toutes les possibilités, il y en a 9 !

_____

ACTIVITÉ 5

Développer de la rapidité et de la précision dans le calcul mental :
• Additionner mentalement des nombres de 1 ou 2 chiffres.

Explication de l'activité
Quelques trucs pour se faciliter la tâche !
• Toujours considérer d'abord le plus grand nombre : 9 + 5, plutôt que 5 + 9.
• **Sectionner le terme additionné** en deux ou plusieurs parties, de façon à remplacer une addition difficile par 2 ou 3 additions faciles. Pour ce faire, toujours s'arrêter aux multiples de 10.

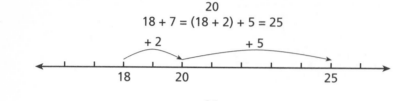
$$20$$
$$18 + 7 = (18 + 2) + 5 = 25$$

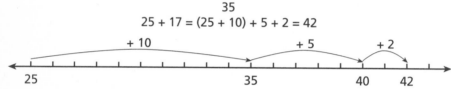
$$35$$
$$25 + 17 = (25 + 10) + 5 + 2 = 42$$

• Attention ! La retenue est une technique de calcul écrit qu'il faut absolument éviter en calcul mental.

Vocabulaire à maîtriser : addition, somme, terme, symbole (+).

1 Pour résoudre ces équations, sectionne le deuxième terme en deux parties, de façon à obtenir 10 entre les parenthèses.

Exemple : 8 + 7 = (8 + 2) + 5 = 15

a) 7 + 5 = (7 + ___) + ___ = _____　　b) 7 + 8 = (7 + ___) + ___ = _____

c) 6 + 7 = (6 + ___) + ___ = _____　　d) 5 + 8 = (5 + ___) + ___ = _____

e) 8 + 6 = (8 + ___) + ___ = _____　　f) 9 + 8 = (9 + ___) + ___ = _____

2 Résous ces équations. Attention ! On additionne parfois des unités, parfois des dizaines.

a) 27 + 10 = _____　　b) 56 + 3 = _____　　c) 85 + 10 = _____

d) 38 + 1 = _____　　e) 67 + 20 = _____　　f) 76 + 3 = _____

g) 49 + 10 = _____　　h) 48 + 2 = _____　　i) 54 + 30 = _____

3 Pour résoudre ces équations, additionne d'abord les dizaines, puis les unités.

a) 25 + 13 = 25 + 10 + ___ = _____　　b) 42 + 15 = 42 + ___ + ___ = _____

c) 36 + 22 = 36 + ___ + ___ = _____　　d) 54 + 33 = 54 + ___ + ___ = _____

e) 23 + 46 = 23 + ___ + ___ = _____　　f) 65 + 34 = 65 + ___ + ___ = _____

4 Pour résoudre ces équations, applique toutes les stratégies déjà utilisées précédemment.

Exemple : 28 + 17 = 28 + 10 + 2 + 5 = 45

a) 36 + 15 = 36 + ___ + ___ + ___ = _____

b) 67 + 26 = 67 + ___ + ___ + ___ = _____

c) 55 + 28 = 55 + ___ + ___ + ___ = _____

d) 59 + 27 = 59 + ___ + ___ + ___ = _____

e) 48 + 17 = 48 + ___ + ___ + ___ = _____

f) 44 + 38 = 44 + ___ + ___ + ___ = _____

ACTIVITÉ 6

Développer de la rapidité et de la précision dans le calcul écrit :
* effectuer des additions de nombres dont la somme est inférieure à 100 000 ;
* estimer et vérifier le résultat d'additions.

Explication de l'activité
* **Estimer, pourquoi ?**

  Nul n'est à l'abri d'une erreur de calcul mental ou d'une erreur de manipulation sur une calculette. Il est donc important d'avoir une idée approximative du résultat attendu. Pour estimer, on **arrondit** les nombres, procédé qui a été expliqué précédemment (voir page 8).

* **Comment vérifier son résultat ?**

  On peut, bien sûr, refaire ses calculs une deuxième fois, mais si on a fait une erreur, on risque de la répéter, car il s'est écoulé peu de temps depuis le premier calcul.

  Mieux vaut utiliser l'opération inverse, c'est-à-dire enlever ce qui a été ajouté.

  Si $3679 + 5498 = 9177$, alors $9177 - 3679 = 5498$

  et $9177 - 5498 = 3679$

  Estimer et vérifier sont deux activités essentielles. Elles permettent à votre enfant de réfléchir aux gestes qu'il fait plutôt que d'être un simple exécutant.

Conseil pratique

Additionner, c'est assez simple. Mais posez des questions à votre enfant pour vérifier sa compréhension profonde.

Par exemple :

1. Pourquoi aligne-t-on les chiffres en commençant par la droite et non par la gauche ?
2. Si $7 + 8 = 15$, pourquoi met-on le 1 en retenue et non le 5 ?

1 Trouve les sommes. Si nécessaire, pose les nombres à la verticale.

a) 1046 + 326 + 5 = _____

b) 3647 + 18 + 435 = _____

c) 8 + 4845 + 607 = _____

2 Arrondis les nombres et estime les réponses avant de trouver les réponses exactes.

Estimation   Estimation

a)   619 → _____   b)   7387 → _____
   + 885 → + _____   + 6759 → + _____

   _____ _____   _____ _____

c)   48 768 → _____   d)   51 555 → _____
   + 37 454 → + _____   + 49 999 → + _____

   _____ _____   _____ _____

3 Trouve les chiffres qui manquent dans les opérations suivantes.

a)   6□8   b)   7 60□   c)   1□ 3□5
   + □3□   + 6 □0 5   + 26 448
   □ 3 9 7   1□ 5□0   6 5 2□
                                       □1 □40

4 Les réponses de ces additions sont fausses. Identifie les erreurs qui ont été commises et corrige les sommes obtenues.

a)   3 608   b)   3 652   c)   8 739   d) ² 6 078
   +   243   +   348   + 4 256   + 2 651
   ───────   ───────   ───────   ───────
   6 009   50   12 985   8 819
                  ───────
                   12 132

ACTIVITÉ 7

Développer de la rapidité et de la précision dans le calcul mental :
• Soustraire mentalement des nombres de 2 chiffres.

Explication de l'activité
Quelques trucs pour se faciliter la tâche !
• Comme pour l'addition, il faut sectionner le deuxième terme en deux ou plusieurs parties de façon à remplacer une soustraction difficile par 2 ou 3 soustractions faciles. Pour ce faire, toujours s'arrêter aux multiples de 10.

$$20$$
$$25 - 7 = (25 - 5) - 2 = 18$$

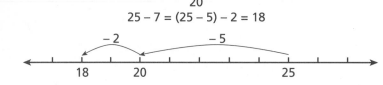

$$42$$
$$52 - 15 = (52 - 10) - 2 - 3 = 37$$

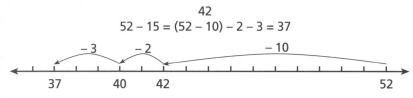

• Attention ! L'emprunt est une technique de calcul écrit qu'il faut absolument éviter en calcul mental.

Vocabulaire à maîtriser : soustraction, différence, terme, symbole (–).

1 Pour résoudre ces équations, sectionne le deuxième terme en deux parties, de façon à obtenir un multiple de 10 entre les parenthèses.

$$10$$

Exemple : $15 - 8 = (15 - 5) - 3 = 7$

a) $13 - 6 = (13 - \_\_\_) - \_\_\_ = \_\_\_\_$ b) $24 - 9 = (24 - \_\_\_) - \_\_\_ = \_\_\_\_$

c) $32 - 6 = (32 - \_\_\_) - \_\_\_ = \_\_\_\_$ d) $45 - 9 = (45 - \_\_\_) - \_\_\_ = \_\_\_\_$

e) $54 - 6 = (54 - \_\_\_) - \_\_\_ = \_\_\_\_$ f) $75 - 8 = (75 - \_\_\_) - \_\_\_ = \_\_\_\_$

2 Résous ces équations. Attention ! On soustrait parfois des unités, parfois des dizaines.

a) $15 - 1 = \_\_\_\_$ b) $48 - 3 = \_\_\_\_$ c) $59 - 5 = \_\_\_\_$

$26 - 10 = \_\_\_\_$ $75 - 20 = \_\_\_\_$ $68 - 40 = \_\_\_\_$

$37 - 1 = \_\_\_\_$ $34 - 4 = \_\_\_\_$ $72 - 20 = \_\_\_\_$

3 Pour résoudre ces équations, soustrais d'abord les dizaines, puis les unités.

a) $25 - 12 = 25 - 10 - \_\_\_ = \_\_\_\_$ b) $38 - 15 = 38 - \_\_\_ - \_\_\_ = \_\_\_\_$

c) $49 - 25 = 49 - \_\_\_ - \_\_\_ = \_\_\_\_$ d) $77 - 34 = 77 - \_\_\_ - \_\_\_ = \_\_\_\_$

e) $84 - 33 = 84 - \_\_\_ - \_\_\_ = \_\_\_\_$ f) $68 - 45 = 68 - \_\_\_ - \_\_\_ = \_\_\_\_$

4 Pour résoudre ces équations, applique toutes les stratégies déjà utilisées précédemment.

Exemple : $35 - 18 = 35 - 10 - 5 - 3 = 17$

a) $34 - 16 = 34 - \_\_\_ - \_\_\_ - \_\_\_ = \_\_\_\_$

b) $42 - 17 = 42 - \_\_\_ - \_\_\_ - \_\_\_ = \_\_\_\_$

c) $53 - 25 = 53 - \_\_\_ - \_\_\_ - \_\_\_ = \_\_\_\_$

d) $64 - 38 = 64 - \_\_\_ - \_\_\_ - \_\_\_ = \_\_\_\_$

e) $71 - 34 = 71 - \_\_\_ - \_\_\_ - \_\_\_ = \_\_\_\_$

ACTIVITÉ 8

Développer de la rapidité et de la précision dans le calcul écrit :
• effectuer des soustractions dont le premier terme est inférieur à 100 000 ;
• estimer et vérifier le résultat de soustractions.

Explication de l'activité
Votre enfant fait souvent des erreurs en soustrayant ? Analysez son travail pour retracer la source de ses erreurs.
1. Si les erreurs relèvent du calcul mental, le problème est mineur et des exercices semblables à ceux de la page précédente suffiront.
2.   3 5 0
     − 1 4 6
      2 1 6

   L'enfant exécute 6 – 0 parce que cela lui est beaucoup plus familier que 0 – 6. Aidez-le à corriger cette tendance en lui faisant verbaliser sa démarche : « Il n'y a pas d'unité et je dois en enlever 6. Je vais me procurer des unités en empruntant une dizaine. » Etc.
3. En cas de difficulté importante avec les emprunts, vous pouvez demander à votre enfant d'utiliser la planche à calculer illustrée à la page 92.

Conseil pratique
Comme pour l'addition, habituez votre enfant à estimer et à vérifier ses résultats (voir page 12). S'il fait des erreurs, suggérez-lui simplement de réviser son travail. S'il les découvre et les corrige lui-même, il aura beaucoup appris !

1 Arrondis les nombres et estime les réponses avant de trouver les réponses exactes.

Estimation   Estimation

a)   812 → _____   b)   6342 → _____
    − 379 → − _____   − 3685 → − _____
    _____   _____   _____   _____

c)   35 046 → _____   d)   64 142 → _____
   − 15 253 → − _____   − 19 758 → − _____
    _____   _____   _____   _____

2 Résous ces équations. Attention aux nombreux zéros! Pour t'aider, utilise ta planche à calculer (voir page 92).

a)   902   b)   6010   c)   8000
    − 347   − 345   − 3429
    _____   _____   _____

d)   12 000   e)   20 300   f)   80 000
    − 9 731   − 17 659   − 27 799
    _____   _____   _____

3 Trouve les erreurs qui ont été commises et corrige-les.

a)   4   b)   2 999   c)   69
     3541   13 000   7045
    − 2635   − 2 765   − 3698
    _____   _____   _____
     2914   10 234   3357

4 Trouve les chiffres qui manquent dans les opérations suivantes.

a)   □ 8 2 □   b)   6 0 □ 1   c)   □ 0 0 □
    − 1 □ □ 9   − 3 □ 4 □   − 4 3 □ 7
    _____   _____   _____
     2 0 3 1   □ 5 2 8   4 □ 3 3

ACTIVITÉ 9
Résoudre des problèmes tirés de la vie réelle et impliquant une ou plusieurs opérations (additions et soustractions).

Explication de l'activité

Soustraire, c'est bien sûr enlever des éléments à un ensemble donné. Mais la soustraction sert aussi dans d'autres situations que votre enfant reconnaîtra peut-être plus difficilement.

1. **Chercher ce qui manque pour obtenir une quantité donnée.**

   Exemple : Jules doit parcourir une distance de 544 km. Après 245 km, il décide de s'arrêter pour se détendre et faire le plein. Quelle distance lui reste-t-il à parcourir ?

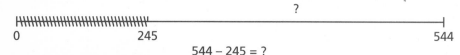

$$544 - 245 = ?$$

2. **Comparer deux quantités.**

   Lors d'une partie de dards, Anne a marqué 985 points, et Philippe, 740 points. Combien de points manquait-il à Philippe pour égaler le pointage d'Anne ?

   Philippe :

   0   740   ?   985

   Anne :

   0       $985 - 740 = ?$ 985

Conseil pratique

Plus les problèmes sont complexes, plus il est utile d'organiser les données à l'aide d'un schéma. La droite numérique, comme dans les exemples ci-dessus, est souvent utile pour résoudre les problèmes comportant des additions et des soustractions.

1 Une éditrice prévoit vendre 10 000 exemplaires d'un ouvrage lors du premier mois de sa mise en vente. Après 3 semaines, elle constate que 7329 exemplaires ont été vendus. Combien de livres doit-elle vendre encore pour atteindre son objectif?

Démarche :

Réponse : _____

2 Combien d'années se sont écoulées depuis la fondation de Montréal en 1642 ?

Démarche :

Réponse : _____

3 Aux dernières vacances, Marie-Christine a fait un voyage en Floride avec sa famille. Ils ont parcouru une distance totale de 2040 kilomètres. Le père de Marie-Christine a conduit durant les 680 premiers kilomètres, et sa mère, durant les 650 kilomètres suivants. C'est son grand frère qui a ensuite pris le volant. Combien de kilomètres leur restait-il à parcourir alors ?

Démarche :

Réponse : _____

4 Les membres du comité de parents de notre école ont amassé la somme de 4034 $. Ils ont dépensé successivement des sommes de 249 $, 766 $ et 692 $ pour financer des activités offertes aux élèves de l'école. De quelle somme d'argent disposent-ils encore ?

Démarche :

Réponse : _____

ACTIVITÉ 10

Développer de la rapidité et de la précision dans le calcul mental :
• Multiplier mentalement deux nombres inférieurs ou égaux à 10.

Explication de l'activité

La mémorisation des tables de multiplication présente un défi de taille pour plusieurs enfants. Si c'est le cas du vôtre, gardez en tête les principes suivants.

1. Motivez-le en lui rappelant à quel point la multiplication simplifie les calculs. En effet, il est tellement plus rapide de mémoriser 7 × 8 = 56 que d'additionner sept fois le huit ou huit fois le sept !

2. N'essayez pas de sauter des étapes. Attardez-vous à la table de deux et ne passez aux suivantes que lorsque celle-ci sera mémorisée.

3. Utilisez des moyens variés : représenter concrètement les opérations les plus difficiles, faire répéter les tables dans l'ordre, les faire entendre, utiliser des dés (en recouvrant les faces avec du papier cache et en y inscrivant les nombres désirés), etc.

Conseil pratique

N'oubliez pas qu'une fois le sens de la multiplication acquis, le reste n'est qu'une question de mémorisation. On apprend les tables en les répétant à la façon d'une comptine !

1 Une idée de jeu

Couvrez les surfaces de deux dés à jouer à l'aide de papier auto-collant et écrivez les nombres suivants sur les faces : 1er dé (4, 5, 6, 7, 8, 9), 2e dé (3, 4, 5, 6, 7, 8). Agrandissez la planche ci-dessous qui donne les résultats des multiplications.

Chaque joueur jette les dés, effectue mentalement la multiplication, cherche le produit sur la planche et pose un jeton sur le chiffre qui correspond au résultat.

Fixez un objectif à atteindre : 4 jetons formant une ligne ou un carré, etc. Laissez travailler votre imagination !

12	49	16	21	32	27
30	28	48	56	24	72
28	54	35	20	56	48
42	20	45	24	32	36
25	40	24	63	15	30
18	35	36	40	42	64

2 Es-tu un as de la multiplication ? Tu l'es sûrement si tu peux résoudre les équations suivantes en une minute ou moins

$4 \times 5 = 20$ $6 \times 6 = 36$ $8 \times 3 = 24$

$3 \times 7 = 21$ $5 \times 7 = 35$ $6 \times 5 = 30$

$6 \times 10 = 60$ $7 \times 8 = 56$ $4 \times 9 = 36$

$5 \times 8 = 40$ $9 \times 3 = 27$ $5 \times 9 = 45$

$2 \times 9 = 18$ $7 \times 7 = 49$ $3 \times 6 = 18$

$6 \times 4 = 32$ $3 \times 4 = 12$ $9 \times 8 = 72$

$8 \times 6 = 48$ $10 \times 9 = 90$ $6 \times 9 = 54$

ACTIVITÉ 11

Mémoriser les tables de multiplication en lien avec les divisions correspondantes.

Explication de l'activité

La division est l'opération inverse de la multiplication. En effet, si $4 \times 3 = 12$ signifie qu'on obtient 12 avec 4 paquets de 3 ou 3 paquets de 4, inversement l'équation $12 \div 3$ signifie qu'avec 12 on peut constituer 4 paquets de 3 ou 3 paquets de 4.

Vous sauverez donc un temps précieux en associant les divisions aux multiplications. En effet, si l'on sait que $9 \times 3 = 27$, alors on sait également que $3 \times 9 = 27$, que $27 \div 3 = 9$ et que $27 \div 9 = 3$.

Conseil pratique

La division est plus difficile à comprendre et à mémoriser que la multiplication, probablement parce qu'on l'utilise moins souvent. On consacre en effet beaucoup de temps à la mémorisation des tables de multiplication, sans jamais même s'attarder aux tables de division, comme si l'enfant déduisait automatiquement les deuxièmes des premières ! Associez les deux de façon à former un tout. N'oubliez pas que pour apprendre efficacement il faut faire des liens entre les différents apprentissages !

1 Écris neuf divisions qui ont 6 pour quotient.

_6_ ÷ _1_ = 6   _24_ ÷ _4_ = 6   _42_ ÷ _7_ = 6
_12_ ÷ _2_ = 6   _30_ ÷ _5_ = 6   _48_ ÷ _8_ = 6
_18_ ÷ _3_ = 6   _36_ ÷ _6_ = 6   _54_ ÷ _9_ = 6

2 Écris deux multiplications et deux divisions qui peuvent être associées à chacune de ces illustrations.

a)
6 x 3 = 18 Il y a 6 dans le roger
18 ÷ 6 = 3 et 3 roger alors il y a
18 on total.

b)
8 ÷ =

c)

3 Utilise les nombres suivants pour composer un nombre égal de multiplications et de divisions.

| 4 | 32 | 3 | 8 | 12 | 9 | 6 | 24 | 36 | 6 |

_____ × _____ = _____   _____ ÷ _____ = _____
_____ × _____ = _____   _____ ÷ _____ = _____
_____ × _____ = _____   _____ ÷ _____ = _____
_____ × _____ = _____   _____ ÷ _____ = _____
_____ × _____ = _____   _____ ÷ _____ = _____
_____ × _____ = _____   _____ ÷ _____ = _____
_____ × _____ = _____   _____ ÷ _____ = _____
_____ × _____ = _____   _____ ÷ _____ = _____
_____ × _____ = _____   _____ ÷ _____ = _____
_____ × _____ = _____   _____ ÷ _____ = _____
_____ × _____ = _____   _____ ÷ _____ = _____

ACTIVITÉ 12

Trouver le produit :
- d'un nombre de 3 ou 4 chiffres par un nombre inférieur à 10 ;
- d'un nombre de 2 ou 3 chiffres par un nombre de 2 chiffres.

Explication de l'activité

Pour multiplier des grands nombres, nous utilisons un algorithme, c'est-à-dire un ensemble de procédés qui nous permettent de parvenir rapidement à la bonne solution. Assurez-vous que votre enfant comprend bien cet algorithme.

Par exemple :

1. **Pourquoi ne multiplie-t-on pas la retenue ?**

   Illustrez cette multiplication sur une planche à calculer :

   $375 \times 4 = (4 \times 300) + (4 \times 70) + (4 \times 5)$

   On obtient : $1\,200 + 280 + 20 = 1\,500$

   Si on multiplie la retenue, on obtient : $(4 \times 5) + (4 \times 90) + (4 \times 600)$, ce qui modifie grandement l'équation de base.

2. **Pourquoi mettre un 0 à la deuxième ligne** quand on multiplie par un nombre à deux chiffres ?

   $345 \times 21 = (345 \times 1) + (345 \times 2\underline{0}$ et non $345 \times 2)$.

   Comme on l'a vu à l'activité précédente, on multiplie les nombres entiers par 2, mais on ajoute un 0 parce que le résultat est 10 fois plus grand puisqu'on multiplie par 20.

Vocabulaire à maîtriser : multiplication, produit, symbole ($\times$).

1 Estime d'abord les résultats, puis trouve les réponses exactes.

	Estimation		Estimation

a)   345 → _____   b)   3 078 → _____
   ×   6   ×   6   ×   7   ×   7
   _____   _____   _____   _____

c)   6 799 → _____   d)   8 090 → _____
   ×   8   ×   8   ×   9   ×   9
   _____   _____   _____   _____

e)   28 → _____   f)   398 → _____
   ×   34   ×   ×   78   ×
   _____   _____   _____   _____
   _____   _____   _____   _____
   _____   _____

2 Trouve les nombres qui manquent dans ces équations.

a)   ☐4 8   b)   3 ☐1☐   c)   ☐0 1
   ×   ☐   ×   4   ×   2☐
   3 2☐0   15 6 4 0   1 5 0 5
                                    +6 ☐2 0
                                     7 ☐2 5

3 Les réponses de ces multiplications sont fausses. Identifie les erreurs qui ont été commises et corrige les résultats.

a)   305   b)   38   c)   7 648
   ×   5   × 26   ×   3
   1575   228   27 184
                 + 76
                  304

ACTIVITÉ 13

Résoudre des problèmes tirés de la vie réelle et impliquant une ou plusieurs opéra-tions : additions, soustractions et multiplications.

Explication de l'activité

1. **Le sens de la multiplication.**

   La multiplication est une opération qui remplace l'addition répétée d'un même nombre. Il est plus simple en effet d'effectuer 308×26 que d'additionner 26 fois le nombre 308 !

2. Elle sert à trouver le nombre de combinaisons d'éléments simples que l'on peut effectuer.

   Exemple : Si Séréna a 2 pantalons, un bleu et un rouge, et 3 chandails, un vert, un noir et un orange – de combien de façons différentes peut-elle s'habiller ?

   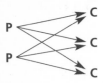

3. Elle permet d'effectuer des échanges.

   Exemple : Un jeu permet de gagner des jetons bleus : 5 jetons bleus permettent d'obtenir un jeton rouge et 3 rouges permettent d'obtenir un vert. Combien de jetons bleus un jeton vert représente-t-il ?

   $1\,V = 3\,R = 3 \times 5 = 15$ jetons bleus

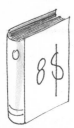    

Conseil pratique

Devant un problème, certains enfants ne pensent qu'à additionner les nombres donnés. Pour contrer cette tendance, votre enfant doit toujours identifier la nature des quantités qu'il additionne. À la question : « Combien paiera-t-on 5 bandes dessinées qui coûtent 8 $ chacune ? », l'enfant comprendra que 5 livres + 8 $ n'a pas de sens. Le sens de la multiplication s'éclaircira s'il dessine 5 livres et que sur chacun, il en indique le prix.

Résous ces problèmes. Explique ta démarche à l'aide d'un dessin et d'une ou de plusieurs opérations.

1 Combien y a-t-il d'œufs dans 6 douzaines ?

Démarche :

Réponse : _____

2 Le 1er janvier, Jennifer avait 438 $ dans son compte de banque. Elle a ensuite économisé 15 $ par semaine durant les 8 semaines suivantes. À quel montant s'élevaient alors ses économies ?

Démarche :

Réponse : _____

3 Pour que les 120 élèves de 4e année de notre école se rendent au théâtre, il faudra louer deux autobus au coût de 225 $ chacun, et débourser 5 $ pour l'achat du billet d'entrée de chacun des élèves. Quel sera le coût total de cette sortie ?

Démarche :

Réponse : _____

4 Lors d'une excursion en plein air, les élèves peuvent composer leur propre repas en choisissant parmi trois sortes de sandwichs (jambon, poulet, fromage) et trois desserts différents (fruits, yogourt, biscuits). Combien de menus différents leur sont-ils ainsi offerts ?

Démarche :

Réponse : _____

ACTIVITÉ 14

Développer de la rapidité et de la précision dans le calcul écrit :
• trouver le quotient d'un nombre inférieur à 1 000 par un nombre inférieur à 10 ;
• estimer et vérifier le résultat de divisions.

Explication de l'activité

Votre enfant doit apprendre à estimer le quotient afin de repérer lui-même les erreurs qu'il pourrait commettre, l'erreur la plus fréquente étant d'oublier un zéro au quotient.

Il doit, par exemple, déterminer dès le départ combien il y aura de chiffres à la réponse.

   c d u

1. $4\ 1\ 2\ \underline{|4}$ Puisqu'on peut diviser les centaines, il y aura 3 chiffres à la
     $\underline{1}$ réponse et le quotient se situera entre 100 et 200. Si la réponse
    c   d   u   obtenue est 13, l'enfant comprendra immédiatement qu'il a commis une erreur.

     d u

2. $2\ 2\ 4\ \underline{|4}$ Puisqu'on ne peut diviser les centaines, on divise d'abord les
     $\underline{5}$ 22 dizaines et il y aura 2 chiffres à la réponse ; le quotient se
    d   u   situera entre 50 et 60.

Conseil pratique

Au lieu de dire : « Il y a une erreur », demandez : « As-tu vérifié ta réponse ? » En multipliant son résultat par le diviseur, votre enfant trouvera lui-même ses erreurs.

1 Arrondis les dividendes, puis estime mentalement les résultats.

a) $42 \div 2 = ($ ____ $\div 2)$ ____

b) $88 \div 3 = ($ ____ $\div 3)$ ____

c) $53 \div 5 = ($ ____ $\div 5)$ ____

d) $79 \div 4 = ($ ____ $\div 4)$ ____

e) $98 \div 5 = ($ ____ $\div 5)$ ____

f) $72 \div 7 = ($ ____ $\div 7)$ ____

2 Trouve les quotients. Avant d'opérer, détermine le nombre de chiffres que devront contenir les réponses.

a) 9 8 $\lfloor$2

b) 7 2 $\lfloor$3

c) 9 6 $\lfloor$6

d) 3 1 2 $\lfloor$3

e) 7 4 4 $\lfloor$6

f) 8 4 8 $\lfloor$8

g) 7 2 8 $\lfloor$8

h) 4 1 5 $\lfloor$5

i) 6 5 1 $\lfloor$7

ACTIVITÉ 15

Résoudre des problèmes tirés de la vie réelle :
- des problèmes impliquant une division ;
- des problèmes impliquant une ou plusieurs opérations (+, −, ×, ÷).

Explication de l'activité

Pour connaître les situations où il faut diviser, il faut bien connaître les différents sens de cette opération.

Soustraction répétée.

J'ai 48 timbres que je veux coller dans un album. Chaque page peut contenir 8 timbres. Pour savoir combien de pages seront remplies, je peux soustraire 8 autant de fois qu'il est nécessaire.

$48 - 8 = 40$; $40 - 8 = 32$; $32 - 8 = 24$; $24 - 8 = 16$; $16 - 8 = 8$; $8 - 8 = 0$.

J'ai soustrait 6 fois 8, j'ai donc rempli 6 pages ; $48 ÷ 8 = 6$.

Sens de partage : J'ai 36 objets. Je fais des paquets de 4. **Combien de paquets** puis-je former ? $36 ÷ 4 = 9$

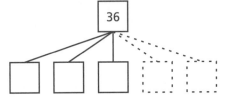

Sens de contenance : J'ai 36 objets que je sépare en 4 paquets égaux. Combien d'objets contiendra chaque paquet ? $36 ÷ 4 = 9$

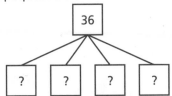

Conseil pratique

Votre enfant ne comprend pas pourquoi il doit effectuer telle ou telle opération pour résoudre un problème ? Faites-lui « vivre » le problème. Utilisez des objets concrets, rattachez le problème aux situations de la vie courante. Avant d'abstraire un concept, il faut en comprendre les applications concrètes.

1 Pour résoudre ces problèmes, quelle opération faut-il effectuer : une multiplication ou une division ?

a) Mon père fait 20 minutes d'exercice chaque jour. Pour savoir combien de minutes il consacre chaque semaine à l'exercice, je fais une _____.

b) Un marchand reçoit une caisse contenant 72 pamplemousses. Il décide de les vendre par paquets de 3. Pour savoir combien de paquets il aura à vendre, je fais une _____.

c) Trois personnes ont acheté ensemble un billet de loterie qui leur a permis de gagner la somme de 720 $. Pour savoir quel montant d'argent chaque personne va recevoir, je fais une _____.

2 Je veux lire un livre qui contient 75 pages. Si je lis 5 pages par jour, combien de journées me faudra-t-il pour terminer la lecture de ce livre ?

Démarche :

Réponse : Il me faudra _____ jours.

3 Tommy a reçu une boîte contenant 48 chocolats. Il en garde 12 et partage les autres entre les 4 membres de sa famille. Combien de chocolats chaque personne recevra-t-elle ?

Démarche :

Réponse : Chaque personne recevra _____ chocolats.

ACTIVITÉ 16

Rechercher les diviseurs d'un nombre inférieur à 50.

Explication de l'activité

La mémorisation des diviseurs des nombres facilite l'atteinte de plusieurs autres objectifs (tables de multiplication et de division, calcul mental, simplification de fractions, etc.). Cette habileté sera d'une grande utilité tout au long de la poursuite des études en mathématique.

Pour rechercher les diviseurs d'un nombre, votre enfant peut utiliser des blocs qu'il essaiera de partager en paquets égaux.

Exemples : Les diviseurs de 12 :

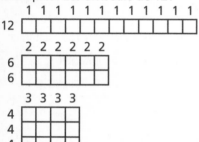

Il peut ainsi trouver les diviseurs des nombres de 2 à 50.

Vocabulaire à maîtriser : diviseur, nombre premier, nombre composé, nombre pair, nombre impair.

1 En recherchant les diviseurs des nombres de 2 à 49, tu trouves 15 nombres premiers. Quels sont-ils ?

___, ___, ___, ___, ___, ___, ___, ___, ___, ___, ___, ___, ___, ___, ___.

2 Dans ce quadrillé, illustre les diviseurs de 24 (autres que 1 et 24).

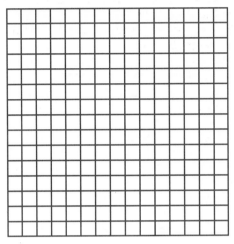

3 Vrai ou faux.

a) 7 est à la fois un diviseur de 21 et de 35. _____

b) 3 est un diviseur de 48. _____

c) 12 est un diviseur de 44. _____

d) Le nombre 36 a 8 diviseurs différents. _____

e) 2, 3 et 6 font partie de l'ensemble des diviseurs de 30. _____

4 Place ces nombres aux bons endroits dans les ensembles ci-dessous.

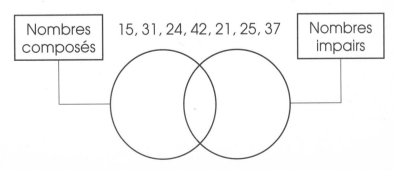

Nombres composés   15, 31, 24, 42, 21, 25, 37   Nombres impairs

ACTIVITÉ 17

Recherche des « régularités » :
- Dégager la règle qui a permis de construire une suite de nombres et compléter cette suite ;
- Dégager les ressemblances qui existent dans les familles d'opérations.

Explication de l'activité

En mathématique, comme dans tous les domaines d'ailleurs, la reconnaissance de régularités et de similitudes permet de généraliser les connaissances acquises.
- Les suites de nombres
  Sachant que des nombres n'ont pas été choisis au hasard et qu'ils se suivent selon une certaine logique, l'enfant doit suivre toutes les pistes possibles pour dégager la règle. Celle-ci peut être simple ou complexe.
  Exemples :
  a) 124 – 122 – 120 – 118   (règle : – 2)
  b) 8 – 16 – 15 – 30 – 29   (règle : × 2 – 1)
  On peut même identifier « une règle dans la règle » :
  c) 0 – 1 – 3 – 6 – 10 – 15   (règle : + 1, + 2, + 3, + 4, + 5, etc.)
- Les familles d'opérations
  Si l'enfant sait que 7 + 6 = 13, il constate que l'addition de 6 et de 7 unités provoque la formation d'une dizaine accompagnée de 3 unités. L'addition de 26 et 7 provoquera donc également la formation d'une nouvelle dizaine et aura par conséquent pour résultat 33. Les mêmes remarques s'appliquent à la soustraction. Quel excellent moyen d'effectuer son calcul mental !

Vocabulaire à maîtriser : Suite de nombres, règle, régularité, somme, différence, produit.

1 Identifie les règles et complète les suites de nombres suivantes.

a) Règle : _____

195, 190, 192, 187, _____, _____, _____

b) Règle : _____

14, 28, 24, 48, _____, _____, _____

c) Règle : _____

2, 5, 11, 20, _____, _____, _____

2 Combien de carrés seraient nécessaires pour construire la 5ᵉ figure de cette suite ?

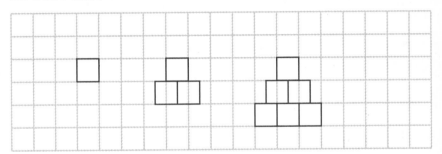

3 Observe les égalités qui te sont données, puis résous le plus rapidement possible les équations qui suivent.

7 + 8 = 15	13 − 8 = 5	8 + 6 = 14	14 − 9 = 5
27 + 8 = _____	33 − 8 = _____	18 + 6 = _____	34 − 9 = _____
47 + 8 = _____	53 − 8 = _____	58 + 6 = _____	64 − 9 = _____
67 + 8 = _____	73 − 8 = _____	38 + 6 = _____	94 − 9 = _____
97 + 8 = _____	103 − 8 = _____	98 + 6 = _____	74 − 9 = _____
117 + 8 = _____	123 − 8 = _____	118 + 6 = _____	104 − 9 = _____

ACTIVITÉ 18
Dégager le sens de la fraction : • Distinguer dans la fraction le rôle du dénominateur et celui du numérateur.

Explication de l'activité

Votre enfant aborde pour la première fois l'étude des fractions. Il est essentiel qu'il en comprenne bien le sens puisqu'il va continuer d'approfondir cette notion tout au long de ses études.

Pourquoi les fractions ?

Jusqu'à présent, l'enfant s'est familiarisé avec les nombres entiers de 0 à 9 999 ou même 99 999. Parmi tous ces nombres, il n'en existe aucun pour exprimer la situation suivante : Pierre a coupé une pomme en deux et il en a mangé un morceau. La quantité de pomme que Pierre a mangée se situe entre 0 et 1. Ce sont les fractions qui nous permettent d'exprimer les quantités inférieures à l'unité.

Comment écrire les fractions ?

Pour que tous les gens puissent comprendre de la même façon la quantité représentée par une fraction donnée, il faut respecter les trois règles suivantes :

• L'objet (ou l'ensemble d'objets) doit être séparé **en parties égales**.

• On inscrit sous la barre de fraction en combien de parties égales on a divisé le tout : c'est le **dénominateur**.

• Au-dessus de la barre, on inscrit le nombre de parties qui nous intéresse : c'est le **numérateur**.

Vocabulaire à maîtriser : numérateur, dénominateur.

1 Sépare ces figures en parties égales, tel que demandé.

a) En 3 parties égales

b) En 4 parties égales

c) En 6 parties égales

2 Pour chacune de ces figures, écris le chiffre qui doit figurer au dénominateur. Fais bien attention : on t'a tendu un piège.

a)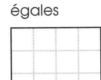

b)

c)

d)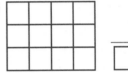

3 Cette figure est-elle séparée en parties égales ? _____

Justifie ta réponse.

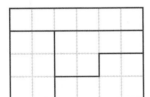

_____

_____

_____

ACTIVITÉ 19

Dégager le sens de la fraction :
• lire et écrire une fraction ;
• associer une fraction à une partie d'un objet.

Explication de l'activité

• L'enfant doit être capable d'écrire en chiffres une fraction écrite en lettres. Les cinquièmes, sixièmes, dixièmes, etc. ne posent généralement pas de problème. Certains enfants éprouvent toutefois de la difficulté à retenir les termes demi, tiers et quart. Pour les aider, on peut attirer leur attention sur les similitudes : <u>de</u>mis (= <u>de</u>ux parties égales), <u>ti</u>ers (= <u>tr</u>ois parties égales), <u>qua</u>rt (= <u>qua</u>tre parties égales). Notez que « demi » est masculin : on dit donc *un* demi.

• Lorsqu'une figure est déjà séparée en parties égales, il est facile de trouver le dénominateur. Mais que faire dans un cas comme celui-ci ?

 $\dfrac{1}{?}$ $\dfrac{1}{16}$

Il faut séparer soi-même
la figure en parties égales.

Conseil pratique

Dès que votre enfant réalise une activité qui comporte des fractions, habituez-le à adopter la démarche suivante :
• Y a-t-il des parties égales ? S'il n'y en a pas, il n'y a pas de fractions.
• Combien de parties égales ? C'est le dénominateur qui l'indique.
• Sur toutes ces parties, combien m'intéressent ? Je l'écris au numérateur.

1 Karine, Philippe, Louis et Mylène ont chacun 10 problèmes à résoudre. Karine en a résolu le demi, Philippe les deux cinquièmes, Louis, les trois dixièmes et Mylène, le cinquième. Écris ces fractions en chiffres.

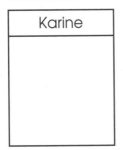 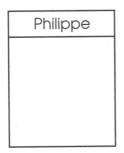 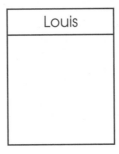 

Karine	Philippe	Louis	Mylène

2

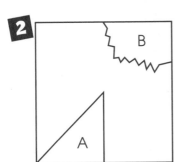

De ce gâteau, tu as mangé le morceau A et ton frère le morceau B. Quelle fraction du gâteau chacun de vous a-t-il mangée?

Toi : _____

Ton frère : _____

3 Tu manges le demi de cette tablette de chocolat, tu en donnes le quart à ton frère et les deux huitièmes à ta sœur. Colorie ta partie en rouge, celle de ton frère en bleu et celle de ta sœur en jaune.

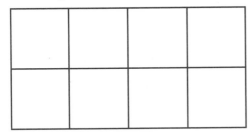

ACTIVITÉ 20

Dégager le sens de la fraction :
• Associer une fraction à une partie d'un ensemble d'objets.

Explication de l'activité

S'il nous arrive souvent de séparer un objet en parties égales (gâteau, tarte, feuille de papier, etc.), il est aussi souvent nécessaire de séparer un **ensemble** d'éléments en parties égales. Considérons les deux cas suivants.

1. Dans un groupe de cinq amis, il y a deux filles.
   Quelle fraction du groupe représentent les garçons ?
   3 → Le nombre de garçons (5 – 2 = 3)
   5 → Le nombre total d'amis

2. L'infirmière de l'école a examiné la vue de 12 élèves. Elle considère que le quart (1/4) d'entre eux doit porter des lunettes. Combien d'élèves devraient porter des lunettes ?
   Je cherche 1/4 de 12 élèves.
   Le 4 au dénominateur dit que je sépare en 4 parties égales.

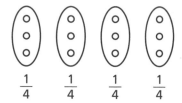

$$\frac{1}{4} \qquad \frac{1}{4} \qquad \frac{1}{4} \qquad \frac{1}{4}$$

Donc, 1/4 de 12 = 3.

Conseil pratique

Vous avez de multiples occasions d'appliquer cette notion chaque jour : Quelle fraction de votre famille représentent les filles ? Dans cette boîte, quelle fraction des beignes sont au chocolat ? Etc.

1 Voici les membres de mon équipe de soccer. La lettre G représente les garçons, et la lettre F, les filles.

G F G F F G G G

F F G G G G F F

Quelle fraction de l'équipe représentent :

a) les filles ? _____

b) les garçons ? _____

2 Il y a 24 élèves dans notre classe. À la fin de l'année, notre enseignant nous dit que le tiers des élèves n'ont jamais été absents, et que le huitième des élèves ne se sont absentés qu'une journée. Sers-toi de ce dessin pour répondre aux questions ci-dessous.

Démarche :

· · · · · · · · · · · ·
· · · · · · · · · · · ·

a) Combien d'élèves n'ont aucune absence ? _____

b) Combien d'élèves ne se sont absentés qu'une journée ? _____

3 Catherine et Julien soufflent des ballons pour l'anniversaire de leur petit frère. Catherine a déjà soufflé le cinquième d'un sac de 25 ballons. Julien a soufflé le tiers d'un sac de 12 ballons. Qui en a soufflé le plus ?

Démarche :

Réponse : _____

4 Dans un bouquet, il y a 6 roses et 8 œillets. Quelle fraction du bouquet :

a) représentent les œillets ? _____

b) représentent les roses ? _____

ACTIVITÉ 21

Reconnaître des fractions équivalentes.

Explication de l'activité

Des fractions équivalentes sont des fractions qui représentent une même quantité mais en utilisant des chiffres différents. C'est par différentes manipulations que votre enfant doit d'abord découvrir ces équivalences. Ce n'est que dans une étape ultérieure qu'il pourra conclure qu'on ne change pas la quantité exprimée par une fraction si on multiplie par un même nombre son numérateur et son dénominateur. Pour l'instant, grâce à ses observations, il peut déjà faire des découvertes importantes. Considérons les fractions suivantes :

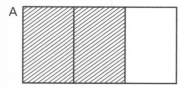 $\dfrac{2}{3}$ 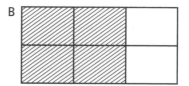 $\dfrac{4}{6}$

Quand le dénominateur est plus grand (6 au lieu de 3), les morceaux sont plus petits. Il est donc normal que pour obtenir dans la figure B une quantité égale à celle de la figure A, il faille prendre plus de morceaux, soit 4 au lieu de 2.

Conseil pratique

Les fractions offrent à votre enfant un nouveau défi. C'est la première fois qu'un grand nombre, par exemple un 8 au dénominateur, représente une quantité plus petite qu'un petit nombre, par exemple un 2 au dénominateur. Aussi, il est particulièrement important que toute difficulté liée aux fractions soit résolue par des manipulations. Des feuilles de papier, des crayons, des ciseaux, il n'en faut pas plus ! Ce que l'enfant pourra voir et expérimenter par lui-même remplacera avantageusement toutes vos explications !

1 Pour faire un bricolage, Mohamed veut utiliser la moitié d'une feuille de papier métallique. Il a le choix entre les trois feuilles illustrées ci-dessous. Pour chaque feuille, colorie les morceaux qu'il peut utiliser et écris la fraction que ces morceaux représentent.

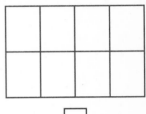

2 Ce schéma représente le trajet d'une course. La flèche indique la position du coureur qui est en tête du peloton.

Départ ├─┼─┼─┼─┼─┼─┼─┼─┼─┼─┼─┤ Arrivée

Quelle fraction du chemin a-t-il parcourue?

Exprime ta réponse :

a) en douzièmes _____   b) en sixièmes _____

c) en tiers _____

3 Lesquelles de ces figures ont la même fraction hachurée?

_____

a)    b)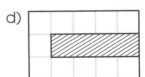

c) 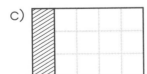   d)

ACTIVITÉ 22

• Comparer des fractions à 0, à 1/2 et à 1.

Explication de l'activité

• Votre enfant sait que le dénominateur de la fraction indique en combien de parties égales une figure ou un ensemble d'objets a été divisé (voir p. 36).

• Il peut donc comprendre que les fractions qui ont le même nombre au numérateur et au dénominateur sont égales à l'unité.

$$\frac{2}{2} = \frac{3}{3} = \frac{4}{4} = \frac{5}{5} = 1$$

• Il est de même facile de reconnaître les fractions égales à 1/2 puisque le numérateur représente la moitié des parts égales indiquées par le dénominateur.

$$\frac{2}{4} = \frac{3}{6} = \frac{4}{8} = \frac{5}{10} = \frac{1}{2}$$

• En appliquant ses connaissances relatives aux rôles respectifs du numérateur et du dénominateur, l'enfant peut évaluer facilement la quantité représentée par certaines fractions. Par exemple,

1) $\frac{5}{8} > \frac{1}{2}$, puisque 4 est la moitié de 8 ;

2) $\frac{7}{8} < 1$, mais $\frac{10}{8} > 1$, puisque $\frac{8}{8} = 1$

Conseil pratique

Habituez votre enfant à utiliser sa logique. Il peut, par exemple, comparer des fractions à la demie même si le dénominateur n'est pas un multiple de 2.
Exemple :

$\frac{2}{3} > \frac{1}{2}$, car si je divise trois en deux parties égales, la réponse est nécessairement inférieure à 2.

1

Bleu	Vert	Rouge	Jaune
Bleu	Vert	Rouge	Rouge
Vert	Vert	Rouge	Rouge

a) Indique quelle fraction de ce tapis occupe chaque couleur.

Bleu : _____   Rouge : _____

Vert : _____   Jaune : _____

b) Laquelle de ces fractions est plus près de la demie ?

_____

2 Des enfants participent à un marathon. Après une heure, Élise a parcouru les 2/3 du parcours, Ari, les 3/8, Heba, le 4/7 et Étienne, les 2/5. Lesquels de ces enfants ont parcouru ;

a) moins de la moitié du parcours ?

_____

b) plus de la moitié du parcours ?

_____

3 À mon anniversaire, nous étions 12 enfants. Maman affirme que les morceaux de gâteau que nous avons mangés totalisent 12/8. Lequel de ces énonces est vrai ?

a) Nous avons mangé 12 morceaux d'un gâteau.
b) Nous avons mangé plus d'un gâteau.
c) Mon gâteau était séparé en 12 parties égales.

4 Compare ces fractions à l'aide des signes <, > ou = .

a) $\dfrac{7}{8} \bigcirc \dfrac{4}{4}$ b) $\dfrac{5}{8} \bigcirc \dfrac{4}{9}$

c) $\dfrac{5}{6} \bigcirc \dfrac{4}{3}$ d) $\dfrac{6}{6} \bigcirc \dfrac{10}{10}$

ACTIVITÉ 23

Reconnaître diverses représentations des nombres décimaux.

Explication de l'activité
- Les nombres décimaux constituent une autre façon d'exprimer des fractions. Jusqu'à présent, votre enfant a appris qu'une fraction s'écrit à l'aide d'une barre horizontale qui sépare le numérateur et le dénominateur, chacun de ces deux nombres jouant un rôle très précis.
- Les nombres décimaux expriment les fractions en respectant la logique du système de numération en base 10.

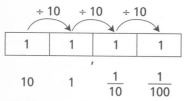

Le rôle du dénominateur est joué par la position que le chiffre occupe après la virgule (dixième ou centième). Le rôle du numérateur est joué par le nombre qui occupe cette position. Exemples : 0,4 = 4/10 ; 0,05 = 5/100 ; 0,35 = 35/100.

Conseil pratique
- L'utilisation la plus courante des nombres décimaux est l'écriture des montants d'argent. Une pièce de 10¢ représente 1/10 de 1$ et s'écrit 0,10$. Une pièce de 1¢ représente 1/100 de 1$, et s'écrit 0,01$.

Ne ratez pas une occasion d'utiliser ce moyen simple et concret.

Vocabulaire à maîtriser
Nombre, décimal, dixième, centième, nombre entier, fraction, valeur de position.

1 Exprime à l'aide d'un nombre décimal la partie ombrée dans chacune de ces figures.

a) 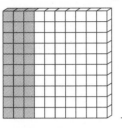 ____

b) 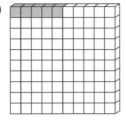 ____

c) 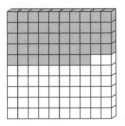 ____

d) 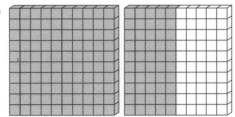 ____

2 Colorie les pièces de monnaie de façon à représenter les montants indiqués.

Rouge → 0,03 $; Bleu → 0,30 $; Vert → 0,45 $

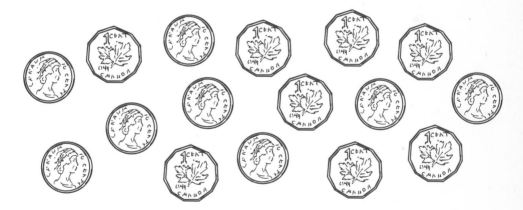

ACTIVITÉ 24

- Lire et écrire des nombres décimaux jusqu'à l'ordre des centièmes.
- Décomposer un nombre décimal

Explication de l'activité
- Cet objectif a été amorcé à la page précédente. Pour le maîtriser, il faut se rappeler que, dans un nombre décimal,
   - a) les chiffres à gauche de la virgule représentent des nombres entiers (unités, dizaines, etc.);
   - b) les chiffres à droite de la virgule représentent une fraction;
   - c) le nom de la fraction dépend de la ou des positions occupées par les nombres.
- Les fractions égales à l'unité, comme 2/2, 3/3 ou 4/4, s'écrivent 1 ou 1,0.

Les fractions supérieures à l'unité s'écrivent à l'aide d'une partie entière, à gauche de la virgule, et d'une partie fractionnaire (à droite de la virgule).

Exemple: $\dfrac{13}{10} = 1\dfrac{3}{10} = 1,3$

Le nombre décimal 1,3 contient donc 13 dixièmes.

1 Écris ces expressions sous forme de nombres décimaux.

a) huit dixièmes : _____

b) quatre centièmes : _____

c) un (entier) et sept centièmes : _____

d) quatre (entiers) et dix-huit centièmes : _____

e) quinze (entiers) et neuf dixièmes : _____

2 Décompose les nombres suivants de trois façons différentes, en t'inspirant de l'exemple.

Exemple : 12,05 = 1 dizaine, 2 unités et 5 centièmes

12,05 = 12 unités et 5 centièmes

12,05 = 120 dixièmes et 5 centièmes

12,05 = 1205 centièmes

a) 5,10 = _____

_____

_____

b) 8,03 = _____

_____

_____

c) 13,50 = _____

_____

_____

3 Écris les nombres représentés par les décompositions suivantes.

N'oublie pas que $\dfrac{10}{100} = \dfrac{1}{10}$ et que $\dfrac{10}{10} = 1$

a) $\dfrac{3}{10} + 5 + \dfrac{5}{100} =$ _____

b) $\dfrac{30}{10} + \dfrac{10}{100} =$ _____

c) $\dfrac{10}{10} + 1 + \dfrac{6}{100} =$ _____

d) $1 + \dfrac{10}{100} + \dfrac{10}{10} =$ _____

e) $\dfrac{10}{10} + \dfrac{100}{100} =$ _____

f) $3 + \dfrac{15}{10} + \dfrac{3}{100} =$ _____

ACTIVITÉ 25

- Comparer et ordonner des nombres décimaux.
- Additionner et soustraire mentalement des nombres décimaux.

Explication de l'activité

- Pour comparer des nombres décimaux, il faut d'abord comparer les chiffes qu'ils présentent à la plus grande position.
  Exemples : $\underline{2}5,8 > \underline{1}8,9$; $0,\underline{2}3 < 0,\underline{3}2$
- Pour éviter les erreurs, il faut parfois concrétiser par un 0 une position qui est occupée dans un nombre mais pas dans l'autre.
  Exemples : $13,5 > \underline{0}8,9$; $0,5\underline{0} < 0,89$
- Pour effectuer mentalement des opérations sur les nombres décimaux, il faut se rappeler que $\dfrac{10}{10}$ ou $\dfrac{100}{100}$ égalent 1.

Donc, $1 - 0,3 = \dfrac{10}{10} - \dfrac{3}{10} = \dfrac{7}{10} = 0,7$

$0,7 + 0,8 = \dfrac{15}{10} = 1\dfrac{5}{10} = 1,5$

1 Compare les nombres suivants à l'aide des signes <, > ou =.

a) 0,15 ◯ 1,5

b) 2,25 ◯ 2,52

c) 0,7 ◯ 0,07

d) 9,01 ◯ 13,89

e) 3,8 ◯ 8,3

f) 4,08 ◯ 4,15

2 Récris les nombres suivants en les plaçant en ordre croissant.

1,12　–　0,21　–　1,21　–　0,12　–　11,2

_____

3 Calcule mentalement et entoure le résultat de chacune des équations suivantes.

a) 0,5 + 0,7　　　　12　　　　0,12　　　　1,2

b) 1,0 – 0,4　　　　0,06　　　0,6　　　　6,0

c) 0,9 – 0,01　　　8,9　　　　0,89　　　89

d) 0,4 + 0,6　　　　10　　　　0,10　　　　1,0

e) 1,2 – 0,5　　　　7　　　　0,7　　　　0,07

4 Voici les résultats obtenus par les trois premiers athlètes d'une course.

Philippe 3,15 min　　　　Charles 3,05 min　　　　Luc 3,1 min

a) Place ces trois coureurs en ordre d'arrivée.
   (N'oublie pas que le vainqueur est le plus rapide)

_____

b) Quelle fraction de minute sépare la performance du troisième athlète de celle du premier ?

_____

ACTIVITÉ 26

Additionner et soustraire des nombres décimaux.

Explication de l'activité

- L'addition et la soustraction de nombres décimaux ne diffère guère des mêmes opérations sur les nombres entiers : dans les deux cas, il faut s'assurer qu'on additionne ou soustrait des nombres occupant une même position. Dans le cas des nombres décimaux, il suffit d'aligner d'abord les virgules, puis de répartir correctement les chiffres de part et d'autre de celles-ci. Il est très utile de compléter par des 0 les positions qui ne sont pas occupées.

Exemples :

a) 115,84 + 10,2

$$\begin{array}{r} 115{,}84 \\ +\ 10{,}20 \\ \hline \end{array}$$

b) 30,2 − 5,35

$$\begin{array}{r} 30{,}20 \\ -\ 5{,}35 \\ \hline \end{array}$$

- Prendre l'habitude d'estimer le résultat d'une opération évite bien des erreurs. On estime la réponse en arrondissant la partie entière.

Exemples :

115,84 + 10,2 est remplacé par 116 + 10 = 126 ;

30,2 − 5,35 est remplacé par 30 − 5 = 25.

1 Après avoir estimé le résultat de chaque équation, entoure les réponses qui te semblent les plus vraisemblables.

a) 15 − 1,75   1,25   14,75   13,25

b) 38,6 + 2,7   40,3   4,13   41,3

c) 12,75 − 11,95   2,2   0,8   2,15

d) 6,8 + 13,2   19   20   21

2 Jeffrey s'exerce à la course. La dernière fois, il a parcouru son trajet en une minute. Son objectif est de couvrir la même distance en 0,85 minute. Quelle fraction de minute le sépare de son objectif?

Démarche : _____

Réponse : _____

3 Mylène paie ses achats avec un billet de 10 $. Elle a acheté des crayons qui coûtent 99 ¢ et un cahier qui coûte 2,45 $. Combien la caissière doit-elle lui remettre?

Démarche : _____

Réponse : _____

4 Trouve les erreurs et corrige-les.

a)   100
   − 7, 25
   _____
     93, 25

b)   98, 01
   − 18, 25
   _____
     80, 24

ACTIVITÉ 27

Se repérer dans un plan cartésien.

Explication de l'activité
- Le plan cartésien est un outil avec lequel votre enfant travaillera jusqu'à la fin du secondaire. Il est donc utile qu'il s'y initie dès maintenant.
- Un plan cartésien est composé de deux axes gradués, un vertical et un horizontal, qui délimitent un espace divisé en carrés de même grandeur.

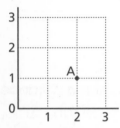

La graduation des axes permet de préciser la position d'un point placé dans l'espace qu'ils délimitent.
- Par convention, on exprime la position d'un point par un couple de nombres dont le premier est situé sur l'axe horizontal et le second sur l'axe vertical. Ainsi, dans le plan ci-dessus, le point est représenté par le couple (2,1)

Conseil pratique
D'autres systèmes analogues sont utilisés sur les cartes géographiques ou dans l'annuaire des rues d'une ville pour nous aider à repérer une agglomération, un cours d'eau, une rue, etc. Apprenez à votre enfant comment utiliser ces outils de repérage.

1 Écris les coordonnées des points qui composent ce dessin.

A : _____   G : _____

B : _____   H : _____

C : _____   I : _____

D : _____   J : _____

E : _____   K : _____

F : _____   L : _____

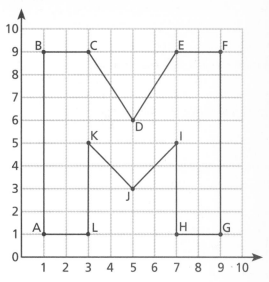

2 a) Dessine des points aux coordonnées suivantes et relie-les entre eux.

$(4,1) \Rightarrow (4,3) \Rightarrow (2,3) \Rightarrow$
$(1,5) \Rightarrow (1,7) \Rightarrow (2,9) \Rightarrow$
$(4,9) \Rightarrow (5,7) \Rightarrow (6,6) \Rightarrow$
$(7,6) \Rightarrow (8,5) \Rightarrow (8,7) \Rightarrow$
$(9,8) \Rightarrow (10,7) \Rightarrow (10,5) \Rightarrow$
$(9,6) \Rightarrow (9,4) \Rightarrow (7,3) \Rightarrow$
$(5,3) \Rightarrow (5,2) \Rightarrow (6,1) \Rightarrow$
$(4,1)$

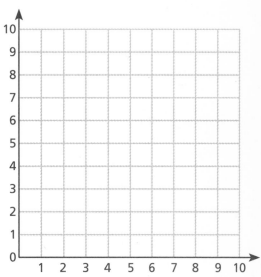

b) À quoi cette silhouette te fait-elle penser?

_____

ACTIVITÉ 28

• Décrire des solides géométriques.
• Nommer ces solides.

Explication de l'activité
Un petit rappel !
Certains solides, comme la sphère, le cône et le cylindre, ont des faces courbes et on les appelle des **corps ronds**.
Les autres, ceux qui ne sont constitués que de surfaces planes, s'appellent des **polyèdres**. Ce sont ceux-là qu'il nous faut décrire. Lorsqu'on considère un polyèdre, on peut en décrire
• **les faces :** leur forme, leur nombre, leur position ;
• le nombre d'**arêtes :** c'est-à-dire les lignes formées par la rencontre de deux faces ;
• le nombre de **sommets :** c'est-à-dire les points de rencontre de plusieurs arêtes.
Deux sortes de polyèdres
• Les **prismes :** Ils se composent de deux figures pareilles posées face à face et reliées par des rectangles (sauf dans le cube, où les rectangles sont remplacés par des carrés). Ces deux figures constituent la base du prisme :

Prisme à base rectangulaire

• Les **pyramides :** Elles se composent d'une base (constituée d'une seule figure) et de triangles qui permettent de fermer le solide au côté opposé.

Pyramide à base carrée

Vocabulaire à maîtriser : polyèdres et corps ronds, sphère, face, sommet, arête, prisme, cône, pyramide, cylindre,

1

A

B

C

D

E

F

G

Quels solides correspondent aux descriptions suivantes?

a) J'ai 9 arêtes. _____G_____

b) Nous avons 6 faces, 8 sommets et 12 arêtes. _A,E,D____

c) Je ne suis pas un polyèdre. _____B_____

d) J'ai 5 sommets et 8 arêtes. _____F_____

e) Mes 6 faces sont identiques. _____D_____

f) Je n'ai que 4 faces. _____C_____

2 Dans la grille ci-dessous, dessine les faces de ce solide en respectant les dimensions données.

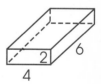

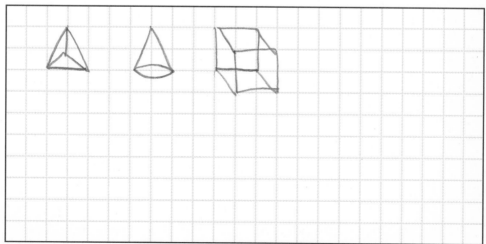

ACTIVITÉ 29
Classifier les solides.

Explication de l'activité

La classification est un bon exercice de logique. Elle permet à l'enfant de réaliser une synthèse de ses connaissances.

On classifie fréquemment les solides à l'aide des deux diagrammes suivants :

a) **Le diagramme de Venn-Euler :**

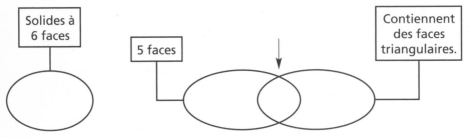

L'intersection marquée d'une flèche permet de loger les solides possédant les caractéristiques des deux ensembles.

b) **Le diagramme de Carroll :**

	Contiennent un ou des carrés.	Ne contiennent pas de carrés.
Ont 5 faces.		
N'ont pas 5 faces.		

Conseil pratique

Une grande quantité d'objets que nous utilisons chaque jour ont la forme de solides géométriques. Proposez à votre enfant d'en trouver le plus grand nombre possible et de proposer ses propres critères de classification.

Classifie les solides qui suivent dans les diagrammes ci-dessous.

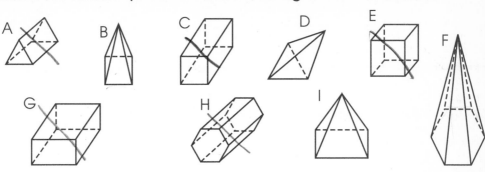

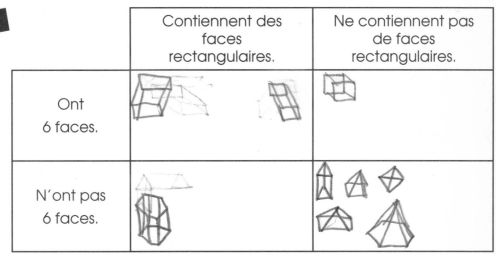

1

	Contiennent des faces rectangulaires.	Ne contiennent pas de faces rectangulaires.
Ont 6 faces.		
N'ont pas 6 faces.		

2

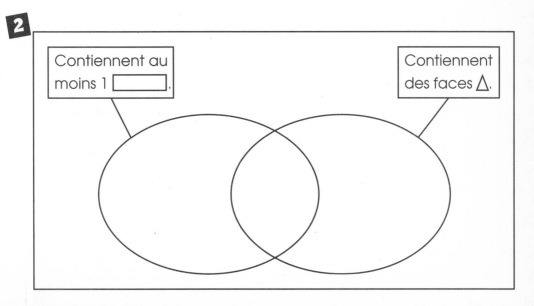

Contiennent au moins 1 ☐.

Contiennent des faces △.

ACTIVITÉ 30

Trouver un ou plusieurs arrangements de figures planes permettant de construire un solide.

Explication de l'activité

La maîtrise de cet objectif exige de l'enfant qu'il puisse visualiser ce qui arriverait s'il essayait de replier les faces planes qui sont dessinées sur une feuille de papier. Pour certains enfants, cet exercice est très difficile.

Pour réaliser l'exercice de la page suivante, nous vous suggérons fortement de découper six carrés, de laisser votre enfant les assembler tel que proposé et de tenter de reconstruire le cube. Il comprendra mieux de cette façon pourquoi certains arrangements rendent la reconstitution impossible.

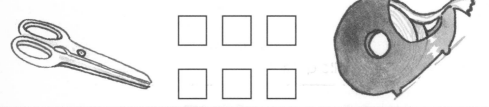

Conseil pratique

Cet exercice a amusé votre enfant ? Reprenez-le en dessinant cette fois les faces d'un prisme. Inspirez-vous de différents prismes illustrés dans les pages précédentes.

1 Fais un ✗ sur les arrangements qui te permettent de construire un cube.

a)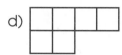

b)

c)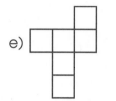

d)

e)

2 Trouve un autre arrangement, différent de ceux illustrés ci-dessus, qui te permettrait lui aussi de bâtir un cube. Dessine cet arrangement dans la grille qui suit.

3 Maintenant que tu as bien pratiqué avec le cube, vois si tu peux reconnaître l'arrangement qui te permettrait de construire un prisme à base carrée. Entoure-le.

a)

b)

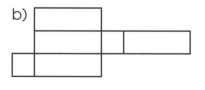

c)

ACTIVITÉ 31

- Reconnaître et comparer des angles droits, aigus et obtus.
- Identifier et construire des lignes parallèles et des lignes perpendiculaires.

Explication de l'activité

Nous sommes entourés de lignes et d'angles.

- L'angle droit est facile à repérer. En cas de doute, l'enfant peut utiliser le coin de sa règle ou le coin d'une feuille de papier : si les deux côtés de l'angle coïncident avec les deux côtés de la règle, c'est un angle droit ; si un des côtés de l'angle s'écarte de la règle, c'est un angle obtus ; si au contraire, un côté de l'angle disparaît sous la règle, c'est un angle aigu.
- Deux droites sont parallèles si la distance qui les sépare est constante ; elles ne se rencontreront jamais.
- Deux droites sont perpendiculaires si elles se rencontrent en formant des angles droits.

Lorsque l'enfant doit tracer lui-même des droites parallèles ou perpendiculaires, il doit le faire avec le plus de précision possible, en utilisant les outils appropriés : une règle pour mesurer l'espace entre les deux parallèles, une équerre ou le coin d'une règle pour s'assurer que la droite qu'il trace forme un angle droit avec la première.

- Avec votre enfant, trouvez dans votre environnement immédiat des exemples de droites parallèles et de droites perpendiculaires. Vérifiez-en l'utilité :
- Est-il utile que les lignes du plafond soient parallèles à celles du plancher ?
- Les pattes de votre table sont-elles perpendiculaires au dessus de la table ?
- Etc.

Qu'arriverait-il si la réponse aux questions précédentes était « Non » ?

Vocabulaire à maîtriser : angle (symbole : $\angle$), angle droit (symbole : $\llcorner$), droites parallèles (symbole : $\parallel$), droites perpendiculaires (symbole : $\perp$).

1 Chacune de ces figures comporte plusieurs angles. Dessine un point rouge à l'intérieur de chaque angle droit.

Colorie en jaune les angles qui sont plus petits qu'un angle droit et en vert ceux qui sont plus grands.

a)   b)   c)

d)   e)   f)

2 Observe les figures de l'exercice précédent et dis si chacune des affirmations suivantes est vraie ou fausse.

	Vraie	Fausse
a) La figure **b** est composée de deux paires de droites parallèles	_____	_____
b) La figure **c** contient trois angles droits	_____	_____
c) La figure **d** ne contient aucune ligne perpendiculaire	_____	_____
d) La figure **e** contient des lignes perpendiculaires	_____	_____

3 Trace avec précision les lignes parallèles et perpendiculaires qui manquent pour obtenir

a) un carré

b) un rectangle

ACTIVITÉ 32

Nommer, identifier et décrire :
- des polygones ;
- des triangles ;
- des quadrilatères : trapèze, parallélogramme, rectangle, losange, carré.

Explication de l'activité

Comme c'est souvent le cas en mathématique, il y a ici de nombreux termes de vocabulaire à maîtriser. Peut-être avez-vous besoin de vous rafraîchir la mémoire ? Voici un résumé des principales notions que votre enfant doit acquérir.

- Pour être appelée **polygone,** une figure doit remplir deux conditions : être fermée et n'être composée que de lignes droites. En conséquence,

sont des polygones.

et

ne sont pas des polygones.

- Les polygones portent des noms différents selon le nombre de côtés (et d'angles) qui les composent :
  3 côtés → les triangles   5 côtés → les pentagones
  4 côtés → les quadrilatères   6 côtés → les hexagones
- Les quadrilatères
  Ils changent de nom selon leurs caractéristiques.

  a) Aucune particularité   Quadrilatère quelconque

  b) Une paire de droites parallèles   Trapèze

  c) Deux paires de droites parallèles   Parallélogramme

  d) Idem + 4 angles droits   Rectangle

  e) Idem + 4 côtés égaux   Carré

  f) Idem, sans angles droits   Losange

Vocabulaire à maîtriser :
Polygone, triangle, quadrilatère, trapèze, parallélogramme, rectangle, carré, losange, pentagone, hexagone, octogone.
Dans chacune de ces catégories, l'enfant apprendra plus tard à distinguer de nouvelles caractéristiques.

1 Mélanie et Justin sont des jumeaux. Chacun a reçu une carte d'anniversaire. Décris ces cartes selon les critères indiqués.

	Mélanie	Justin

Joyeux anniversaire Mélanie !

a) Nombre de côtés : _____ _____

b) Nombre de côtés parallèles : _____ _____

c) Nombre d'angles droits : _____ _____

d) Nombre d'angles aigus (plus petits qu'un angle droit) : _____ _____

Bon anniversaire Justin !

e) Nombre d'angles obtus (plus grands qu'un angle droit) : _____ _____

A ◯ B ◺ C ▢ D ▱ E ⬡

2 Steven fait une collection de macarons. Il t'en décrit quelques-uns. En lisant chaque description qu'il te fait, identifie de quel macaron il s'agit.

a) Un des macarons n'a pas la forme d'un polygone. _____

b) Mon frère m'a donné un macaron qui a des angles aigus et des angles obtus. _____

c) Mon macaron préféré est celui qui n'a que des angles obtus. _____

d) Le dernier macaron que j'ai ajouté à ma collection a un seul angle droit. _____

e) Le premier macaron que j'ai reçu est celui qui a 4 angles droits. _____

3 Dessine pour Steven un macaron qui aura les caractéristiques suivantes : 4 côtés, 2 angles droits, 2 côtés parallèles et 1 angle aigu.

ACTIVITÉ 33

Classifier des figures à deux dimensions selon les critères suivants :
- polygones et non polygones ;
- convexes et non convexes ;
- nombre de côtés qu'elles possèdent.

Explication de l'activité

Ajoutons de nouvelles définitions et de nouveaux termes à ceux que nous connaissons déjà.

- Lorsqu'on observe certains polygones, on s'aperçoit que certains possèdent deux ou plusieurs côtés de même longueur : ce sont des côtés **congruents**.
- D'autre part, observons les deux figures suivantes et relions entre eux les sommets qui ne sont pas consécutifs.

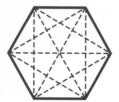 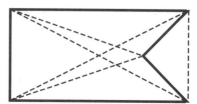

Dans le premier cas, toutes les lignes que nous avons tracées passent à l'intérieur de la figure : on dit que c'est un polygone **convexe.** Dans le deuxième cas, une des lignes que nous avons tracées passe à l'extérieur de la figure : ce polygone est **non convexe** (ou concave).

Vocabulaire à maîtriser : congruence (côtés et angles congruents), convexe et non convexe.

1 Regarde les beaux boutons! Ils ont les formes les plus diverses. Classe-les dans le tableau suivant.

	A au moins 2 côtés congrus.	N'a pas de côtés congrus.
Non quadrilatère		
Quadrilatère		

2 Dans un magasin, on vend des miroirs aux formes les plus diverses pour répondre aux besoins de tous les clients et clientes. Quelques-uns de ces miroirs sont illustrés dans ces deux ensembles.

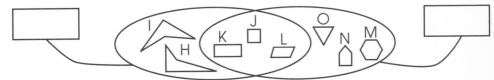

Sur chaque étiquette, écris une caractéristique qui convient à tous les éléments de l'ensemble.

3 Parmi toutes les formes illustrées aux numéros 1 et 2, identifie celles qui possèdent toutes les caractéristiques énumérées:

a) Ce sont des polygones convexes possédant au moins deux côtés parallèles et aucun angle droit: _____

b) Ce sont des polygones dont tous les côtés sont congruents: _____

c) Ce sont des polygones possédant au moins deux côtés congruents et au moins un angle droit: _____

ACTIVITÉ 34

Effectuer des transformations géométriques : la symétrie.
- Identifier et construire des axes de symétrie dans une figure ou entre deux figures ;
- Tracer l'image d'une figure obtenue par symétrie.

Explication de l'activité

Nous abordons le chapitre de la géométrie qui touche les transformations. Il en existe plusieurs mais, en 4e année, votre enfant doit se familiariser avec la symétrie et la translation.

La **symétrie** peut être considérée selon deux points de vue.

1. Vérifier s'il existe, à l'intérieur de la figure, un axe qui la sépare en deux parties qui se recouvrent parfaitement lorsqu'on replie la figure le long de cet axe. C'est la symétrie axiale. Attention, il y a parfois plus d'un axe de symétrie dans la même figure.

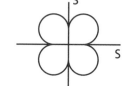

2. Déplacer une figure par un retournement par rapport à un axe. On obtient ainsi une image de la figure initiale. C'est la symétrie par réflexion.

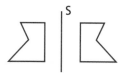

Afin d'éviter les erreurs et de réaliser un travail de précision, l'enfant doit :
- utiliser les points de repère mis à sa disposition (le quadrillage, par exemple) ;
- se rappeler que, pour qu'il y ait retournement de la figure, il doit travailler par rapport à l'axe : toute ligne de la figure initiale qui s'éloigne de l'axe (donc qui se dirige vers la <u>gauche</u>) s'éloignera aussi de l'axe dans la réalisation de l'image et, par conséquent, se dirigera vers la <u>droite</u>.

Vocabulaire à maîtriser : axe de symétrie, axe de réflexion, figure initiale, image.

1 Parmi les lettres de l'alphabet illustrées ci-dessous, lesquelles

    a) possèdent 1 axe de symétrie ? <u>O, A, C, X, D</u>

    b) possèdent 2 axes de symétrie ? <u>O, H, X, I,</u>

    c) ne possèdent aucun axe de symétrie ? <u>B, J, P, F, G</u>

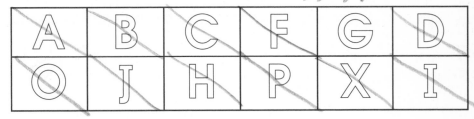

2 Complète ce dessin pour qu'il soit symétrique.

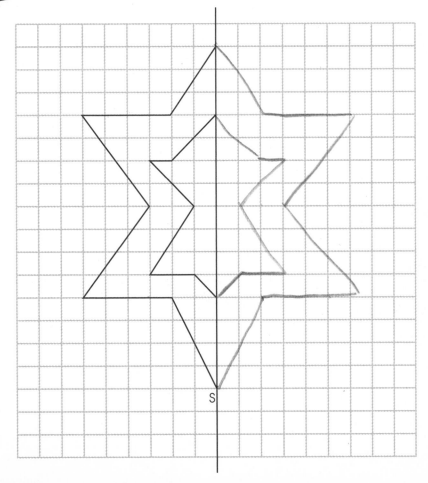

ACTIVITÉ 35
Produire des frises et des dallages par réflexion.
Explication de l'activité Une frise est une bande créée par la répétition d'un même motif. Si la frise est répétée plusieurs fois de façon à couvrir une grande surface, il s'agit d'un dallage. La symétrie est l'un des procédés qui permet de reproduire une figure afin de créer une frise ou un dallage.
Conseil pratique Nous sommes entourés de frises et de dallages : papier peint, tissus, recouvrements de sol, etc. Amusez-vous à découvrir avec votre enfant les motifs qui, dans chaque cas, ont été répétés.
Vocabulaire à maîtriser : frise, dallage.

1 Crée une frise en reproduisant ces poussins par réflexion.

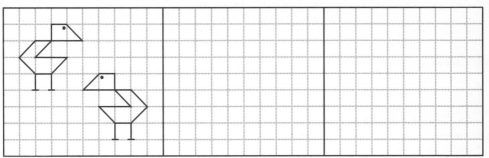

2 Trace trois images de ce voilier par réflexion, en utilisant chacun des axes de symétrie dessinés. Tu obtiendra ainsi le début d'un dallage.

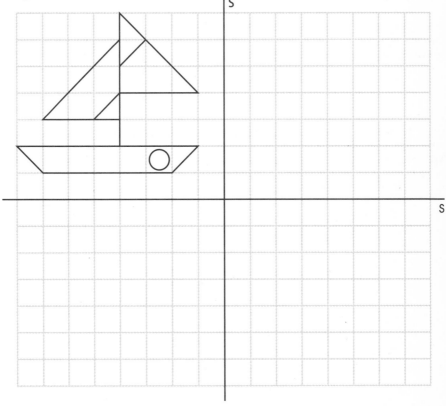

ACTIVITÉ 36

Estimer et mesurer les dimensions des objets :
- estimer et mesurer des objets en millimètres ;
- choisir l'unité la plus appropriée (mètre, centimètre, millimètre) pour mesurer un objet ;
- noter correctement les résultats d'une mesure en utilisant les symboles « mm », « cm » et « m ».

Explication de l'activité

Votre enfant s'est déjà familiarisé avec le mètre (1re année), le décimètre (2e année) et le centimètre (3e année). Il aborde maintenant une unité de mesure beaucoup plus petite : le millimètre.

Vérifiez s'il a une idée assez précise des longueurs représentées par le mètre, le décimètre et le centimètre.

- A-t-il un point de repère sur son propre corps qui lui permettrait de se rappeler la longueur approximative de chacune de ces unités ?
- Y a-t-il dans la maison des objets familiers dont la longueur se rapproche d'un mètre, d'un décimètre, d'un centimètre ?

Aidez sa mémoire en lui montrant les similitudes entre les préfixes et leur signification :

- **Centi**mètre : Le mètre est séparé en **cent** parties égales.
- **Déci**mètre : Le mètre est séparé en **dix** parties égales.
- **Milli**mètre : Le mètre est séparé en **mille** parties égales.

Avant toute activité de mesure, habituez votre enfant à estimer le résultat. Comme personne ne se promène avec un ruban à mesurer dans ses poches, cette habileté peut s'avérer très utile dans plusieurs situations de la vie courante.

Vocabulaire à maîtriser : mètre (symbole : m), centimètre (symbole : cm), décimètre (symbole : dm), millimètre (symbole : mm).

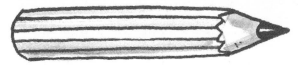
1 D'après toi, quelle est la longueur de ce crayon en millimètres?

Écris ton estimation puis vérifie-la à l'aide d'une règle.

Estimation : _____   Vérification : _____

2 Jérémie a effectué des mesures mais, dans chaque cas, il a oublié d'indiquer l'unité de mesure employée.

Complète son travail en ajoutant m, dm, cm ou mm après chaque résultat.

a) « Ma chambre mesure 4 _____ de longueur. »

b) « Mon chien mesure 7 _____ de hauteur. »

c) « Mon crayon mesure 112 _____ . »

d) « Ma sœur met dans ses cheveux des rubans qui mesurent chacun 20 _____ de longueur. »

e) « La queue de mon chat mesure 25 _____ de longueur. »

3 Encercle l'objet qui, dans la réalité, peut mesurer 50 mm.

a)   b)   c)

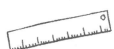      

4 Laquelle de ces trois lignes mesure 35 mm?

Fais ton choix puis vérifie avec ta règle.

A ——————————————

B ————————

C ——————

Ton estimation : _____   Vérification : _____

ACTIVITÉ 37

Établir les relations existant entre les unités de longueur SI :
- établir les relations existant entre mètre, centimètre et décimètre ;
- établir la relation entre millimètre et centimètre.

Explication de l'activité

Convertir le résultat d'une activité de mesure en unités plus petites ou plus grandes constitue pour certains enfants une opération très difficile parce que très abstraite.
Pour prévenir les difficultés,
- assurez-vous qu'il a une idée approximative de la longueur de chaque unité de mesure en lui demandant souvent de vous les représenter avec ses doigts, ses mains ou ses bras ;
- devant chaque transformation à effectuer, demandez-lui si le nombre que l'on cherche est plus grand ou plus petit que celui qu'on possède déjà : changer 30 mm en cm, c'est transformer de petites unités de mesure en unités plus grandes, il y en aura forcément moins, et vice versa ;
- habituez-le à utiliser un tableau de conversion (voir ci-dessous) qui lui permettra d'être toujours certain ou certaine de ses réponses.

Faites ressortir les similitudes qui existent entre les unités de mesure et la numération en base dix : dès qu'on a 10 unités d'une sorte, on obtient une unité immédiatement supérieure.

Exemples :

1. 3 dm = ? mm

m	dm	cm	mm
	3	0	0

2. 500 mm = ? cm

m	dm	cm	mm
	5	0	0

Conseil pratique

Les enfants sont toujours intéressés par la vitesse de leur croissance. Votre enfant connaît-il sa taille et celle des membres de la famille ? Peut-il l'exprimer en décimètres, en centimètres et en millimètres ?

1 Jules dit que sa sœur mesure 1 mètre et 5 décimètres. Exprime cette mesure :

a) en décimètres _____ b) en centimètres _____

2 Pour fabriquer une jupe à ma sœur, ma mère a besoin de 2 mètres et 20 centimètres de tissu. Le vendeur lui dit qu'il reste 20 décimètres du tissu qu'elle a choisi. Y en a-t-il assez ?

Démarche :

Réponse : _____

3 La petite Amal a un train électrique. Il se compose de 10 wagons qui mesurent 15 cm chacun. Quelle est la longueur totale du train ?

Démarche :

Exprime la réponse en centimètres : _____ et en décimètres : _____

4 Opère les transformations demandées. Au besoin, utilise un tableau de conversion (tel qu'illustré à la page 74).

a) 8 m = _____ dm   b) 300 mm = _____ cm

c) 100 dm = _____ m   d) 14 dm = _____ cm

e) 840 cm = _____ dm   f) 700 cm = _____ m

5 Place ces mesures en ordre croissant de grandeur : 25 dm, 2 m, 150 mm, 170 cm, 1 m et 4 dm.

_____

ACTIVITÉ 38

- Calculer le périmètre d'un polygone.
- Élaborer et appliquer une démarche permettant de résoudre des problèmes relatifs au périmètre.

Explication de l'activité

Le périmètre est une notion assez facile à comprendre. Mais c'est tout de même un terme nouveau que l'enfant doit ajouter à son vocabulaire mathématique déjà étendu, et une notion qu'il devra bientôt différencier de la surface et du volume.

Aussi, il est très important qu'il prenne conscience des nombreuses applications concrètes qu'on peut en faire :

- mesurer la clôture qui entoure une cour ;
- mesurer la dentelle qu'on veut poser autour d'une nappe ;
- mesurer de quelle longueur sera la plinthe que l'on veut poser au bas de chaque mur d'une pièce ;
- etc.

Toutes ces applications pratiques vont lui permettre d'associer le périmètre au **contour** d'un objet ou d'un polygone, et l'aider à comprendre qu'on l'obtient **en additionnant** tous les côtés du polygone concerné.

L'enfant peut être confronté à un polygone irrégulier (dont les côtés et les angles ne sont pas congruents ou égaux) sur lequel les mesures des différents côtés ne sont pas toutes indiquées.

À ce moment, un peu de stratégie s'impose. On peut toujours trouver la dimension d'un côté en le comparant à la mesure du côté opposé, comme dans l'exemple ci-dessous.

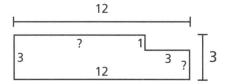

Vocabulaire à maîtriser : périmètre.

1 Quelle figure a le plus grand périmètre : un carré qui mesure 8 cm de côté ou un rectangle qui mesure 9 cm de longueur sur 7 cm de largeur ?

Démarche :

Réponse : _____

2 Quel est le périmètre de la cour dont on te donne ici le plan ?

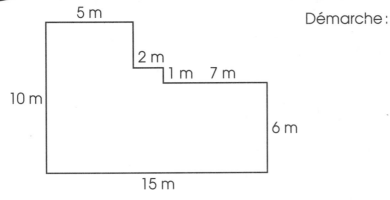

Démarche :

Réponse : _____

3 On veut encadrer une peinture qui mesure 75 cm sur 175 cm. L'encadrement coûte 15 $ le mètre. Quel montant faudra-t-il débourser ?

Démarche :

Réponse : _____

ACTIVITÉ 39

• Estimer et mesurer des surfaces à l'aide d'unités non conventionnelles.

Explication de l'activité

Le périmètre, que l'enfant a appris à calculer à la page 76, est une **longueur**. On peut le calculer avec une règle. Mais il est impossible d'utiliser le même instrument pour calculer, par exemple, la quantité de tapis requise pour couvrir le plancher du salon. Puisque le tapis couvre une aire ou une surface, on ne peut le mesurer qu'à l'aide d'une autre **surface.**

Au troisième cycle du primaire, votre enfant apprendra à utiliser les unités conventionnelles, soit le m^2, le dm^2, le cm^2 et le mm^2. Pour l'instant, il importe surtout qu'il comprenne que mesurer une aire, c'est la comparer à une autre. Cette dernière, qui est l'élément de comparaison, devient l'unité de mesure. On peut, pour ce faire, utiliser n'importe quel polygone : carré, triangle, rectangle, etc.

Vocabulaire à maîtriser : aire, surface, superficie, unité de mesure.

1 Voici le plan du plancher d'un hall d'entrée qu'on veut recouvrir de tuiles.

On peut choisir parmi les modèles suivants

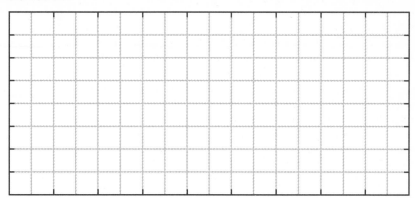

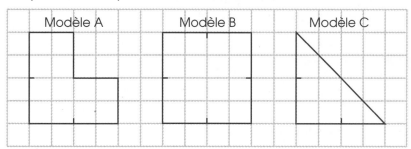

Modèle A   Modèle B   Modèle C

a) Parmi ces modèles, lesquels permettent de recouvrir exactement le plancher ? _____

b) Combien de tuiles de chaque sorte faut-il acheter pour recouvrir complètement le plancher de ce hall d'entrée ?

Modèle A : _____

Modèle B : _____

Modèle C : _____

ACTIVITÉ 40

Estimer et mesurer des volumes à l'aide d'unités non conventionnelles.

Explication de l'activité

- On a déjà vu qu'on mesure un périmètre à l'aide d'une unité de longueur, et une aire, à l'aide d'une autre aire qui devient l'unité de mesure. De même, on mesure un volume, soit un espace à trois dimensions, en le comparant à un autre volume qui devient l'élément de comparaison, donc l'unité de mesure. On peut, pour ce faire, utiliser n'importe quel polyèdre : cube, prismes, etc.
- Dans le calcul du volume, il y a une démarche importante à respecter. Imaginons une boîte.
  1) Il faut d'abord calculer combien de petits volumes (donc d'unités de mesure) sont nécessaires pour couvrir le fond de la boîte. Cette démarche est la même que celle utilisée pour calculer l'aire.
  2) Il faut ensuite considérer combien « d'étages » semblables au premier sont nécessaires pour remplir la boîte. En résumé, on calcule le nombre d'unités nécessaire pour remplir un étage et on multiplie par le nombre d'étages.

Conseil pratique

Il n'est pas facile pour certains enfants de visualiser des volumes à l'aide d'illustrations à deux dimensions. Utilisez de vraies boîtes de pièces de jeu de construction : la manipulation vaut mieux que toutes les savantes explications.

Vocabulaire à maîtriser : volume, unité de mesure.

1 La compagnie Lève-Tôt fabrique des réveille-matin qui, une fois emballés, ont les dimensions suivantes ;

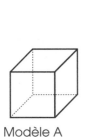
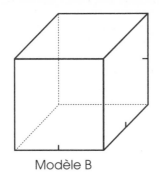
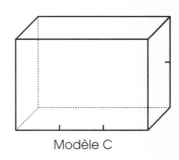

Modèle A   Modèle B   Modèle C

Combien de modèles de chaque sorte cette boîte peut-elle contenir ?

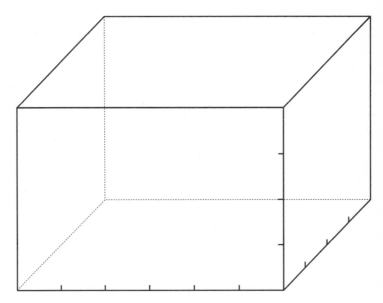

Modèle A : _____

Modèle B : _____

Modèle C : _____

ACTIVITÉ 41

Mesurer le temps (la durée) à l'aide d'unités conventionnelles : jour, heure, minute, seconde, semaine, année.

Explication de l'activité
- Nous le savons tous, le temps rythme nos activités quotidiennes. Votre enfant doit donc se familiariser avec les unités conventionnelles qui nous servent à mesurer le temps.
  Informations à mémoriser :

1 année → 12 mois	1 journée → 24 heures
1 année → 52 semaines	1 heure → 60 minutes
1 année → 365 jours	1 minute → 60 secondes
1 semaine → 7 jours	

- Malgré l'apparition des cadrans numériques, l'enfant doit être capable de lire un cadran traditionnel et connaître les rôles respectifs de la grande et de la petite aiguille.

Conseil pratique
Il est très utile de connaître le nombre de jours contenus dans chaque mois. Janvier, mars, mai, juillet, août, octobre et décembre contiennent 31 jours. Les autres en contiennent 30, à l'exception de février qui n'a que 28 jours.

Un petit truc pratique : si, par exemple, un jeudi est le 3 du mois, on peut facilement trouver les dates des autres jeudis en additionnant 7 autant de fois qu'il est nécessaire.

3 (+7) 10 (+7) 17 (+7) 24 (+7) 31

Si c'est un mois de 31 jours, il contient donc 5 jeudis.

Vocabulaire à maîtriser : jour, heure, minute, seconde, semaine, mois, année, noms des jours et des mois.

1 Voici des cadrans d'horloge. Écris l'heure indiquée sur chacune, puis l'heure qu'il sera 15 minutes plus tard.

a)   b)   c)   d)

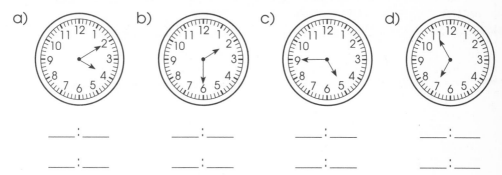

____ : ____   ____ : ____   ____ : ____   ____ : ____

____ : ____   ____ : ____   ____ : ____   ____ : ____

2 Le petit Philippe a 2 ans aujourd'hui. Depuis combien de jours est-il né ?

_____

3 Émile fait partie d'une équipe de gymnastes. Pendant le mois de mai, ce groupe donnera un spectacle tous les vendredis soirs. Si le premier spectacle a lieu le 1er mai, quelles seront les dates des autres représentations ?

_____

4 Compare les durées suivantes à l'aide des signes < , > ou = .

a) 2 mois ◯ 5 semaines

b) 50 semaines ◯ 1 année

c) 120 secondes ◯ 2 minutes

d) 2 jours ◯ 36 heures

e) 1 mois ◯ 24 jours

ACTIVITÉ 42

- Organiser les données d'une enquête à l'aide d'un tableau.
- Interprétation des données à l'aide d'un tableau.

Explication de l'activité

Lorsqu'on étudie différents aspects de la réalité et qu'on veut classifier les données obtenues, ou encore les comparer dans le but d'informer ou de tirer des conclusions, il est très utile d'inscrire les renseignements recueillis dans un tableau ou encore de les illustrer dans un diagramme.

Votre enfant doit être en mesure de comprendre et d'utiliser les informations contenues dans de tels outils. Les diagrammes les plus fréquents sont les diagrammes à bandes horizontales ou verticales, les histogrammes (dans lesquels les bandes sont juxtaposées), les diagrammes à ligne brisée et les diagrammes circulaires. Pour bien comprendre un diagramme, il faut d'abord en lire toutes les composantes :

- le titre, qui explique la nature des renseignements contenus dans le diagramme ;
- les variables inscrites aux extrémités des axes vertical et horizontal (sauf dans le cas du diagramme circulaire) ;
- la gradation (ordinairement des nombres qui évoluent selon une certaine constante).

Il vous est facile de réaliser un diagramme à bandes avec votre enfant. Faites une petite enquête de votre choix. Quels sont les animaux domestiques que possèdent vos parents et amis ? Quel est le mets préféré des gens que vous fréquentez ? Etc. Traduisez vos résultats dans un diagramme comme celui-ci.

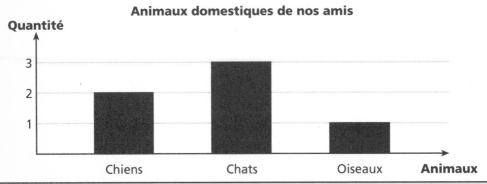

Animaux domestiques de nos amis

Vocabulaire à maîtriser : tableau, diagramme.

1 Une famille compte 7 enfants dont tu peux lire les tailles sur ce diagramme.

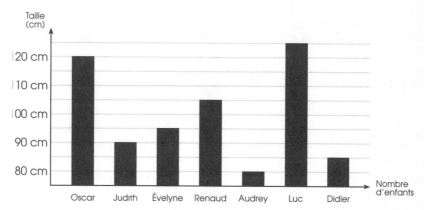

a) Écris les noms de tous les enfants qui mesurent moins d'un mètre.

_____

b) Quelle est la différence de taille entre le plus grand et le plus petit ? _____

2 On t'indique le nombre de livres qui ont été empruntés à la bibliothèque scolaire lors d'une journée. Sur le diagramme ci-dessous, dessine des bandes verticales pour représenter le nombre de livres empruntés dans chaque catégorie.

Romans jeunesse : 40   Récits d'aventures : 55

Documentaires : 35   Bandes dessinées : 42

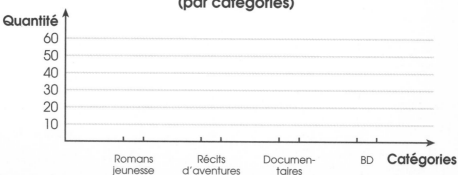

ACTIVITÉ 43

Interpréter des données à l'aide d'un diagramme à ligne brisée.

Explication de l'activité
- Le diagramme à ligne brisée diffère du diagramme à bandes de la page précédente, bien que les éléments de base restent les mêmes :
  - le titre, qui explique la nature des renseignements contenus dans le diagramme ;
  - les variables inscrites aux extrémités des axes ;
  - la graduation des axes.
- Dans ce diagramme, les résultats sont exprimés à l'aide d'une ligne qui se déplace d'une ligne à l'autre, d'où le nom de ligne brisée. On choisit ce diagramme lorsque le caractère que l'on étudie se traduit par des quantités continues, c'est-à-dire qu'il peut prendre toutes les valeurs situées entre les nombres entiers. Exemples : la quantité de précipitations tombées, les profits d'une compagnie, la croissance d'un enfant, etc.

Conseil pratique
Invitez votre enfant à construire un ou des diagrammes à ligne brisée pour traduire des réalités qui le concernent, comme sa croissance ou l'évolution de ses économies.
Vocabulaire à maîtriser : diagramme à ligne brisée.

1 Observe ce diagramme

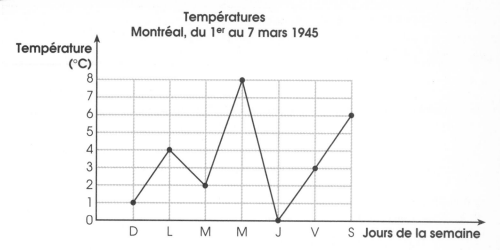

Températures
Montréal, du 1er au 7 mars 1945

a) Quelles informations ce diagramme contient-il ? _____

b) Durant cette semaine, quelle fut la journée

la plus chaude ? _____

la plus froide ? _____

c) Entre quelles journées y a-t-il eu la plus grande différence de
température ? _____

2 Jules économise régulièrement. Sur ce diagramme, trace une
ligne brisée qui indique le montant de ses économies pendant
les six premiers mois de l'année.

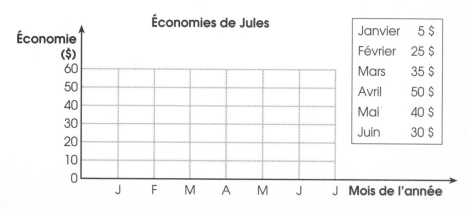

Économies de Jules

Janvier	5 $
Février	25 $
Mars	35 $
Avril	50 $
Mai	40 $
Juin	30 $

ACTIVITÉ 44

- Expérimenter des activités liées au hasard.
- Prédire la probabilité qu'un événement simple se produise (plus probable, également probable, moins probable ; certain, possible, impossible).

Explication de l'activité

- Lorsque les résultats d'une action sont complètement livrés au hasard, on dit qu'il s'agit d'une <u>activité aléatoire</u>. Si le poids d'un dé n'est pas également réparti ou si des cartes sont truquées, il n'y a plus de hasard puisqu'on exerce une influence sur les résultats.
- Le résultat attendu est

  <u>certain</u>,   si c'est le seul résultat possible. Ex. : tirer une boule noire d'un bocal contenant 5 boules noires ;

  <u>impossible</u>, s'il n'a aucune chance d'être obtenu. Ex. : tirer une boule blanche d'un bocal contenant 5 boules noires ;

  <u>possible</u>,   s'il a une ou plusieurs possibilités d'être obtenu. Ex. : tirer une boule rouge d'un bocal contenant 2 boules noires, 2 boules blanches et 2 boules rouges.

- Toutefois, parmi certains résultats, certains sont plus probables que d'autres. Par exemple, si un bocal contient 3 boules noires et 7 boules blanches, le fait d'obtenir une boule blanche est plus probable que celui d'obtenir une boule noire.

Conseil pratique

Les jeux de hasard occupent une place de plus en plus grande dans notre société. Les enfants, comme beaucoup d'adultes, peuvent être fascinés par l'appât du gain facile ! Connaître les probabilités permet d'évaluer ses chances réelles de gagner et combat… la pensée magique !

Vocabulaire à maîtriser : hasard, activité aléatoire, probabilité.

1 Une enseignante veut faire tirer une récompense à ses 26 élèves. Elle leur distribue au hasard les 26 lettres de l'alphabet. D'autre part, elle dépose dans une boîte toutes les lettres contenues dans les jours de la semaine. Mes amis et moi avons reçu les lettres suivantes :

Moi : a   Sophie : f   Caroline : i

Pedro : d   Fernandez : m   Jean-François : n

2 Écris les jours de la semaine

_____

Écris les lettres contenues dans la boîte et le nombre de fois que chacune y apparaît

____ : ____   ____ : ____   ____ : ____   ____ : ____

____ : ____   ____ : ____   ____ : ____   ____ : ____

____ : ____   ____ : ____   ____ : ____   ____ : ____

____ : ____   ____ : ____   ____ : ____   ____ : ____

____ : ____   ____ : ____   ____ : ____

3 Réponds par <u>vrai</u> ou <u>faux</u>

     a) Sophie n'a aucune chance de gagner.   _____

     b) Je suis certaine de ne pas gagner.   _____

     c) Caroline a plus de chances que moi.   _____

     d) C'est Caroline qui a la plus de chances.   _____

     e) Pedro est certain de gagner.   _____

     f) Jean-François a autant de chances que moi.   _____

4 Écris les noms de mes amis qui ont

     a) plus de chances que moi :

_____

     b) moins de chances que moi :

_____

ACTIVITÉ 45

Dénombrer les résultats possibles d'une expérience aléatoire à l'aide d'un tableau, d'un diagramme en arbre.

Explication de l'activité

- Il est intéressant de réaliser une activité aléatoire et d'en noter les résultats dans un tableau semblable à celui du numéro 1 de l'activité 45. L'apparition d'un résultat peut être notée par une barre verticale et 5 résultats semblables, de la façon suivante : JHT. De cette façon, le dénombrement est très facile.

- Si l'expérience se déroule en deux temps, il est préférable de dessiner un arbre qui décrit tous les résultats possibles. Par exemple, des parents prévoient avoir 2 enfants. Notons d'abord les résultats possibles de la première grossesse. (Notez que pour simplifier la situation, nous ne tenons pas compte de la probabilité d'avoir des jumeaux !) Puis, pour chacun de ces résultats, notons les résultats possibles de la deuxième grossesse. Cela donne l'arbre suivant et tous les résultats sont inscrits à droite.

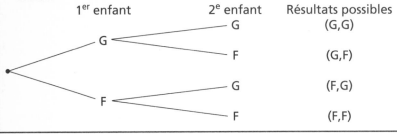

1 Lance plusieurs fois une pièce de monnaie et note tes résultats dans ce tableau. Observe les résultats après 25, 50, 75, 100 lancers. Plus le nombre d'essais sera élevé, plus les deux résultats devraient être semblables puisque la probabilité d'obtenir <u>pile</u> est égale à celle d'obtenir <u>face</u>.

Pile	Face
Total :	Total :

2 Dans chaque cas décrit ci-dessous, énumère tous les résultats que tu peux obtenir.

a) Tu jettes un dé et tu observes le résultat obtenu. Tu peux voir _____

b) Tu prends les cartes de cœur d'un jeu de cartes. Tu piges une carte. Tu peux obtenir _____

c) Tu piges au hasard dans un sac qui contient les lettres du mot <u>mercredi</u>. Tu peux piger _____

3 Tu lances une pièce de monnaie deux fois. Remplis l'arbre suivant afin de trouver tous les résultats possibles.

1er fois	2e fois	Résultats possibles

1er fois   2e fois   Résultats possibles

_____   (____ , ____)

_____

_____   (____ , ____)

_____

_____   (____ , ____)

_____

_____   (____ , ____)

La planche à calculer

1	1	1	1	1	**Unités**
1	1	1	1	1	
10	10	10	10	10	**Dizaines**
10	10	10	10	10	
100	100	100	100	100	**Centaines**
100	100	100	100	100	

1 000	1 000	1 000	1 000	1 000	**Unités de mille**
1 000	1 000	1 000	1 000	1 000	
10 000	10 000	10 000	10 000	10 000	**Dizaines de mille**
10 000	10 000	10 000	10 000	10 000	

Mathématique

Activité 1

1. a) 10 190 ; b) 20 012 ; c) 11 500 ; d) 30 000.

2. 1335

3. a) 136 ; b) 42.

4. b) 12 × 1 000 + 8 × 10 et c) 120 centaines + 8 dizaines.

Activité 2

1. a) 1642 ; b) 6892 ; c) 14 004 ; d) 75 098.

2. a) 3040 ; b) 13 004 ; c) 4013 ; d) 13 314 ; e) 4400.

3. f) 35 030

Activité 3

1. a) 3674 ; b) 4799 ; c) 6969 ; d) 8999.

2. Marie : 9990, Jeffrey : 10 000, Karine : 9010, Paolo : 9100.

3. 333, 3130, 3303, 13 111, 30 013.

4. 4343, 4094, 3943, 3934, 3409.

Activité 4

1. a) 400 ; b) 5000 ; c) 20 000.

2. 11 000, parce que 11 480 se situe plus près de 11 000 que de 12 000.

3. 15 $, 16 $, 17 $, 18 $, 19 $, 21 $, 22 $, 23 $, 24 $.

Activité 5

1. a) 7 + 3 + 2 = 12 ; b) 7 + 3 + 5 = 15 ; c) 6 + 4 + 3 = 13 ; d) 5 + 5 + 3 = 13 ;
   e) 8 + 2 + 4 = 14 ; f) 9 + 1 + 7 = 17.

2. a) 37 ; b) 59 ; c) 95 ; d) 39 ; e) 87 ; f) 79 ; g) 59 ; h) 50 ; i) 84.

3. a) 25 + 10 + 3 = 38 ; b) 42 + 10 + 5 = 57 ; c) 36 + 20 + 2 = 58 ; d) 54 + 30 + 3 = 87 ;
   e) 23 + 40 + 6 = 69 ; f) 65 + 30 + 4 = 99.

4. a) 36 + 10 + 4 + 1 = 51 ; b) 67 + 20 + 3 + 3 = 93 ; c) 55 + 20 + 5 + 3 = 83 ;
   d) 59 + 20 + 1 + 6 = 86 ; e) 48 + 10 + 2 + 5 = 65 ; f) 44 + 30 + 6 + 2 = 82.

Activité 6

1. a) 1377 ; b) 4100 ; c) 5460.

2. a) 1504 → 600 + 900 = 1 500 ; b) 14 146 → 7000 + 7000 = 14 000 ;
   c) 86 222 → 50 000 + 40 000 = 90 000 ; d) 101 554 → 50 000 + 50 000 = 100 000.

3. a) 658 + 739 = 1397 ; b) 7605 + 6905 = 14 510 ; c) 18 365 + 26 448 = 51 340.

4. a) 6039 (Erreur : 0 + 3 est égal à 3 et non à 0.) ;
   b) 4050 (Erreur : Les nombres doivent être alignés à partir de la droite afin
      d'additionner les unités avec les unités, les dizaines avec les dizaines, etc.) ;
   c) 12 995 (Erreur : On a oublié d'additionner la dizaine posée en retenue.) ;
   d) 8729 (Erreur : 7 dizaines + 5 dizaines = 12 dizaines = 1 centaine + 2 dizaines.
      Il faut donc poser 1 centaine en retenue et laisser les deux dizaines à la
      réponse.).

Activité 7

1. a) $(13 - 3) - 3 = 7$; b) $(24 - 4) - 5 = 15$; c) $(32 - 2) - 4 = 26$; d) $(45 - 5) - 4 = 36$;
   e) $(54 - 4) - 2 = 48$; f) $(75 - 5) - 3 = 67$.

2. a) $14, 16, 36$; b) $45, 55, 30$; c) $54, 28, 52$.

3. a) $25 - 10 - 2 = 13$; b) $38 - 10 - 5 = 23$; c) $49 - 20 - 5 = 24$; d) $77 - 30 - 4 = 43$;
   e) $84 - 30 - 3 = 51$; f) $68 - 40 - 5 = 23$.

4. a) $34 - 10 - 4 - 2 = 18$; b) $42 - 10 - 2 - 5 = 25$; c) $53 - 20 - 3 - 2 = 28$;
   d) $64 - 30 - 4 - 4 = 26$; e) $71 - 30 - 1 - 3 = 37$.

Activité 8

1. a) $433 \rightarrow 800 - 400 = 400$; b) $2657 \rightarrow 6000 - 4000 = 2\,000$;
   c) $19\,793 \rightarrow 40\,000 - 20\,000 = 20\,000$; d) $44\,384 \rightarrow 60\,000 - 20\,000 = 40\,000$.

2. a) 555 ; b) 5665 ; c) 4571 ; d) 2269 ; e) 2641 ; f) $52\,201$.

3. a) $3541 - 2635 = 906$ (Erreur : À la position des unités, on a calculé $5 - 1$
   et non $1 - 5$.) ;
   b) $13\,000 - 2765 = 10\,235$ (Erreur : On a emprunté inutilement à la position
   des unités.) ;
   c) $7045 - 3698 = 3347$ (Erreur : On n'a pas emprunté à la position des dizaines.).

4. a) $3820 - 1789 = 2031$; b) $6071 - 3543 = 2528$; c) $9000 - 4367 = 4633$.

Activité 9

1. $10\,000 - 7329 = 2671$ livres
2. $2003 - 1642 = 361$ ans (La réponse variera bien sûr selon l'année en cours.)
3. $2040 - (680 + 650) = 710$ km
4. $4034\;\$ - (249\;\$ + 766\;\$ + 692\;\$) = 2327\;\$$

Activité 10

2. 20	36	24
21	35	30
60	56	36
40	27	45
18	49	18
24	12	72
48	90	54

Activité 11

1. $6 \div 1, 12 \div 2, 18 \div 3, 24 \div 4, 30 \div 5, 36 \div 6, 42 \div 7, 48 \div 8, 54 \div 9$, etc.

2. a) $3 \times 6 = 18, 6 \times 3 = 18, 18 \div 3 = 6, 18 \div 6 = 3$; b) $4 \times 8 = 32, 8 \times 4 = 32, 32 \div 4 = 8,$
   $32 \div 8 = 4$; c) $3 \times 9 = 27, 9 \times 3 = 27, 27 \div 3 = 9, 27 \div 9 = 3$.

3. $4 \times 6 = 24, 6 \times 4 = 24, 4 \times 8 = 32, 8 \times 4 = 32, 3 \times 4 = 12, 4 \times 3 = 12, 3 \times 8 = 24,$
   $8 \times 3 = 24, 6 \times 6 = 36, 6 \times 8 = 48, 8 \times 6 = 48$
   $24 \div 4 = 6, 24 \div 6 = 4, 32 \div 4 = 8, 32 \div 8 = 4, 12 \div 3 = 4, 12 \div 3 = 4, 24 \div 3 = 8,$
   $24 \div 8 = 3, 36 \div 6 = 6, 48 \div 6 = 8, 48 \div 8 = 6$

Activité 12

1. a) $2070 \rightarrow 300 \times 6 = 1800$; b) $21\,546 \rightarrow 3000 \times 7 = 21\,000$;
   c) $54\,392 \rightarrow 7000 \times 8 = 56\,000$; d) $72\,810 \rightarrow 8000 \times 9 = 72\,000$;

e) 952 → 30 × 30 = 900; f) 31 044 → 400 × 80 = 32 000.

2. a) 648 × 5 = 3240; b) 3910 × 4 = 15 640; c) 301 × 25 = 7525.

3. a) 305 × 5 = 1 525 (Erreur: 5 × 0 = 5);
   b) 38 × 26 = 988 (Erreur: On a multiplié par 2 et non par 20 car on n'a pas ajouté de 0 à la 2e ligne.);
   c) 7648 × 3 = 22 944 (Erreur: À la position des dizaines, on a multiplié la retenue: (4 + 2) × 3 = 18.).

Activité 13

1. 6 × 12 = 72 œufs

2. (15 $ × 8) + 438 $ = 120 $ + 438 $ = 558 $

3. (2 × 225 $) + (5 $ × 120) = 450 $ + 600 $ = 1050 $

4. 9

Activité 14

1. a) (40 ÷ 2) 20; b) (90 ÷ 3) 30; c) (50 ÷ 5) 10; d) (80 ÷ 4) 20; e) (100 ÷ 5) 20;
   f) (70 ÷ 7) 10.

2. a) 49; b) 24; c) 16; d) 104; e) 124; f) 106; g) 91; h) 83; i) 93.

Activité 15

1. a) multiplication; b) division; c) division.

2. 75 ÷ 5 = 15 jours

3. (48 − 12) ÷ 4 = 9 chocolats

Activité 16

1. 2, 3, 5, 7, 11, 13, 17, 19, 23, 29, 31, 37, 41, 43, 47.

2.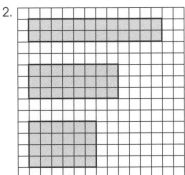

3. a) vrai; b) vrai; c) faux; d) faux (il en a 9); e) vrai.

4.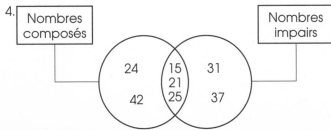

Activité 17

1. a) Règle : -5, +2 ; 189, 184, 186.
   b) Règle : x 2, -4 ; 44, 88, 84
   c) Règle : + 3, + 6 + 9, … ; 32, 47, 65

2. 10

3.
35	25	24	25
55	45	64	55
75	65	44	85
105	95	104	65
125	115	124	95

Activité 18

1. a) 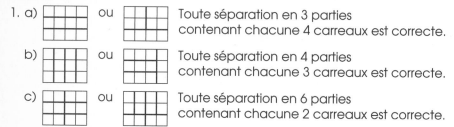 ou Toute séparation en 3 parties contenant chacune 4 carreaux est correcte.

   b) ou Toute séparation en 4 parties contenant chacune 3 carreaux est correcte.

   c) ou Toute séparation en 6 parties contenant chacune 2 carreaux est correcte.

2. a) 4 ; b) 12 ; c) Il n'y a pas de fraction et donc pas de dénominateur, car la figure n'est pas séparée en parties égales ; d) 8.

3. Oui, les parties sont égales puisque chacune contient 6 carreaux.

Activité 19

1. Karine : 1/2 ; Philippe : 2/5 ; Louis : 3/10 ; Mylène : 1/5.

2. Toi : 1/8 ; ton frère : aucune fraction, car on ne peut séparer le gâteau en parties égales au morceau B.

3.
R	R	B	B
R	R	J	J

Activité 20

1. a) 7/16 ; b) 9/16.

2. a) 8 élèves ; b) 3 élèves.

3. Catherine

4. a) 8/14 (ou 4/7) ; b) 6/14 (ou 3/7).

Activité 21

1.

   1/2   2/4   4/8

2. a) 8/12 ; b) 4/6 ; c) 2/3.

3. a, b et c.

Activité 22

1. a) Bleu : 2/12 (ou 1/6) ; Rouge : 5/12 ; Vert : 4/12 (ou 1/3) ; Jaune : 1/12 ;
   b) 1/12, 2/12, 4/12, 5/12

2. a) Ari et Étienne ; b) Élise et Heba.

3. b

4. a) < b) > c) < d) =

Activité 23

1. a) 0,30 ou 0,3 ; b) 0,05 ; c) 0,48 ; d) 1,50 ou 1,5

2. Rouge : 3 pièces de 1 cent ; bleu : 3 pièces de 10 cents ; vert : 4 pièces de 10 cents
   et 5 pièces de 1 cent.

Activité 24

1. a) 0,8 b) 0,04 c) 1,07 d) 4,18 e) 15,9

2. a) 5,10 = 5 unités et un dixième = 51 dixièmes= 510 centièmes
   b) 8,03 = 8 unités et trois centièmes = 80 dixièmes et trois centièmes = 803 centièmes
   c) 13,50 = 1 dizaine, 3 unités et 5 dixièmes = 13 unités et 5 dixièmes = 135 dixièmes

3. a) 5,35 b) 3,1 c) 2,06 d) 2,1 e) 2 f) 4,53

Activité 25

1. a) < b) < c) > d) < e) < f) <

2. 0,12 – 0,21 – 1,12 – 1,21 – 11,2

3. a) 1,2 b) 0,6 c) 0,89 d) 1,0 e) 0,7

4. a) Charles, Luc, Philippe b) 0,10 ou 0,1 min

Activité 26

1. a) 13,25 b) 41,3 c) 0,8 d) 20

2. 1,00 – 0,85 = 0,15 minute

3. 10,00 $ – (0,99 + 2,45 $) = 6,56 $

4. a) 100,00 – 7,25 = 92,75 b) 98,01 – 18,25 = 79,76

Activité 27

1. A (1 ,1) ; B (1, 9) ; C (3, 9) ; D (5, 6) ; E (7, 9) ; F (9, 9) ; G (9, 1) ; H (7, 1) ; I (7, 5) ;
   J (5, 3) ; K (3, 5) ; L (3, 1).

2. a)

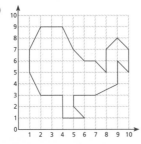

b) À un oiseau (une dinde)

Activité 28

1. a) G ; b) A, D et E ; c) B ; d) F ; e) D ; f) C.

2.

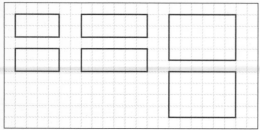

Activité 29

1.

	Contiennent des faces rectangulaires.	Ne contiennent pas de faces rectangulaires.
Ont 6 faces.	C, G	E
N'ont pas 6 faces.	A, H, I	B, D, F

2.

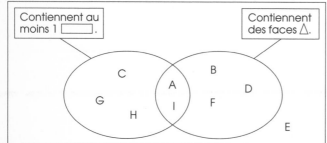

Activité 30

1. b, e.

2. Réponses possibles :

3. b

Activité 31

1. a)

   b)

   c)

   d)

   e)

   f)

2. a) Vraie b) Fausse c) Vraie d) Vraie

3. S'assurer que les côtés des polygones sont vraiment parallèles et que leurs angles dont droits.

Activité 32

1. Mélanie : a) 4 ; b) 2 ; c) 0 ; d) 2 ; e) 2.
   Justin : a) 4 ; b) 2 ; c) 2 ; d) 1 ; e) 1.

2. a) A ; b) D ; c) E ; d) B ; e) C.

3. Réponses variables.

Activité 33

1.

	A au moins 2 côtés congrus.	N'a pas de côtés congrus.
Non quadrilatère	B D	G
Quadrilatère	A C E	F

2.

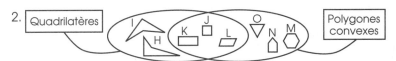

Quadrilatères   Polygones convexes

3. a) B, C, L, M ; b) A, B, C, D, J, M , O ; c) A, E, I, J, K, N.

Activité 34

1. a) A, B, C, D ; b) O, H, X, I ; c) F, G, J, P.

2.

Activité 35

1.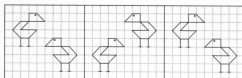

2.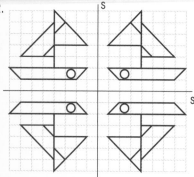

Activité 36

1. 80 mm

2. a) m ; b) dm ; c) mm ; d) cm ; e) cm.

3. b

4. C

Activité 37

1. a) 15 dm ; b) 150 cm.

2. Non, car 20 dm = 2 m.

3. 150 cm ou 15 dm.

4. a) 80 ; b) 30 ; c) 10 ; d) 140 ; e) 84 ; f) 7.

5. 150 mm, 1 m et 4 dm, 170 cm, 2 m, 25 dm.

Activité 38

1. Les deux figures ont le même périmètre, soit 32 cm.

2. 50 m

3. (75 + 175 + 75 + 175) ÷ 100 × 15 $ = 75 $

Activité 39

a) A, B et C

b) Modèle A : 12, Modèle B : 9, modèle C : 18

Activité 40

1. Modèle A : 96 ; modèle B : 12 ; modèle C : 16

Activité 41

1. a) 4 h 10, 4 h 25 b) 2 h 30, 2 h 45 c) 5 h 45, 6 h 00 d) 7 h 55, 8 h 10

2. 365 x 2 = 730 jours

3. les 8, 15, 22 et 29 mai.

4. a) > b) < c) = d) > e) >

Activité 42

1. a) Judith, Évelyne, Audrey, Didier ; b) 125 – 80 = 45 cm.

2.

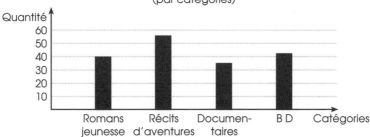

Activité 43

1. a) Les températures à Montréal, du 1er au 7 mars 1945
   b) Le mercredi, le jeudi
   c) Entre le mercredi et le jeudi

2.

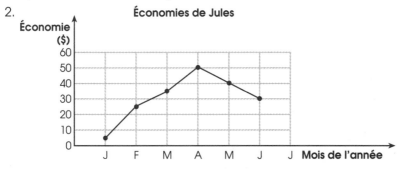

Activité 44

1. Dimanche, lundi, mardi, mercredi, jeudi, vendredi, samedi

2. d : 8, i : 7, m : 4, a : 3, n : 3, c : 2, h : 1, e : 7, l : 1, u : 2, r : 4, j : 1, v : 1, s : 1

3. a) vrai ; b) faux ; c) vrai ; d) faux ; e) faux ; f) vrai

4. a) Pedro, Fernandez, Caroline
   b) Sophie

Activité 45

1. Réponses variables selon l'expérimentation effectuée.

2. a) 1, 2, 3, 4, 5, 6
   b) 1 (l'as), 2, 3, 4, 5, 6, 7, 8, 9, 10, 11 (le valet), 12 (la dame), 13 (le roi)
   c) m, e, r, c, d, i

3.

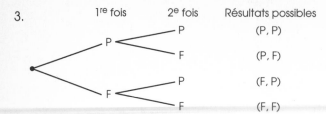

1re fois	2e fois	Résultats possibles
P	P	(P, P)
	F	(P, F)
F	P	(F, P)
	F	(F, F)

Mathématique

Différence : réponse de la soustraction.

Dividende : nombre qui est divisé.

Diviseur : nombre qui divise un autre nombre. (Note : On appelle diviseurs d'un nombre tous les nombres qui peuvent le diviser sans reste.)

Divisibilité (règles de) :

Un nombre se divise par 2 si le chiffre de ses unités est 0, 2, 4, 6 ou 8.
Un nombre se divise par 3 si la somme de ses chiffres se divise par 3.
Un nombre se divise par 4 si ses deux derniers chiffres se divisent par 4.
Un nombre se divise par 5 si le chiffre de ses unités est 0 ou 5.
Un nombre se divise par 10 si le chiffre de ses unités est 0.
Un nombre se divise par 25 si ses deux derniers chiffres sont 00, 25, 50 ou 75.

Multiple : les multiples d'un nombre sont les produits de ce nombre multiplié par tous les autres nombres naturels, y compris le 0.

Nombre carré : produit d'un nombre multiplié par lui-même.

Nombre composé : nombre qui a plus de deux diviseurs.

Nombre impair : nombre qui ne se divise pas par 2 sans reste.

Nombre pair : nombre qui se divise par 2 sans reste.

Nombre premier : nombre qui a exactement deux diviseurs : 1 et lui-même.

Nombre rectangulaire : nombre que l'on peut illustrer à l'aide d'un rectangle dont les mesures des côtés sont supérieures à 1. (Exemple : 24 = 2 rangées de 12, 3 rangées de 8, 4 rangées de 6.)

Quotient : réponse de la division.

Réseau : ensemble de lignes qui s'entrecroisent ou s'entrelacent.

Réseau simple : réseau qui ne comprend aucun point d'intersection.

Somme : réponse de l'addition.

Terme : nom utilisé dans l'addition et la soustraction pour désigner les nombres que l'on additionne ou que l'on soustrait.

Achevé d'imprimer au Canada
en août deux mille cinq
sur les presses de Quebecor World Lebonfon
Val-d'Or (Québec)